LES NIVEAUX SUPÉRIEURS DU TELL ABOU
Chantier A — 1977/78

par
Roland Tefnin

avec la collaboration de
Jean-Marc Doyen et Eugéne Warmenb

Séminaire d'Archéologie Orientale de
l'Université Libre de Bruxelles

The object of this paper is to present the main results of the Belgian excavations at Tell Abou Danné (Area of the lake of Djabbul) during the seasons 1977 and 1978. The chronology runs from the 7th century BC until the time of Augustus. Through levels I and II of the site, seven successive layers show the evolution of the main cultural features in a rural district of North Syria. Architectural remains, quality wares, lamps, figurines, glassworks, metal and stone objects, and coins are taken into consideration. Their study reveals the multiplicity of the cultural influences in the area during the three last quarters of the first millennium BC and the increasing importance of the Mediterranean centers of civilisation.

Table of Contents

1. Introduction[1]

Commencée en 1975, l'exploration du Tell Abou Danné (25km à l'Est d'Alep, **fig.1**) a comporté jusqu'à présent quatre campagnes annuelles représentant un total de 21 semaines de travail. En 1975 et 1976, un sondage profond (SI) réalisé dans le flanc nord du site révélait une succession à peu près continue d'habitats, s'étendant du 1er siècle de notre ère jusqu'au début du 3ème millénaire[2], et deux enceintes superposées datant respectivement du Bronze Moyen et du début du Bronze Ancien[3]. Afin de préciser les données fragmentaires fournies par ce sondage, il fut décidé, au début de la campagne 1977, d'ouvrir un chantier plus vaste auquel serait assignée pour objectif l'exploration des couches supérieures du site. Comme ni la morphologie du tell ni la répartition du matériel de surface ne fournissaient de raisons de privilégier un secteur particulier, des impératifs pratiques liés à la direction des vents dominants et à la facilité d'évacuation des déblais de fouille firent choisir la région sud-est du site pour l'implantation d'un chantier nommé "chantier A". Les résultats présentés ici sont ceux produits par 9 semaines de fouille (6 en 1977, 3 en 1978[4]), sur ce chantier.

2. Situation et extension du Chantier A

Le grand sondage SI, pour des raisons évidentes d'efficacité et d'économie, avait été orienté selon une direction méridienne correspondant à la plus forte pente, et délimité de ce fait indépendamment de tout quadrillage de référence. L'étendue des paliers de

---

[1] Les recherches dont le présent article constitue la présentation ont été rendues possibles par la collaboration amicale des autorités syriennes du Service des Antiquités. Il m'est agréable de remercier tout particulièrement, à la Direction Générale de Damas, le Dr.A.Bahnassi et le Dr.A.Bounni, et, à la Direction d'Alep, le Dr. Khayyata et M.M.Heretani. Cet article a d'autre part bénéficié de la collaboration active de plusieurs membres des équipes 1977 et 1978 du Tell Abou Danné, et principalement de MM.E.Warmenbol et J.-M.Doyen. Le premier a rédigé presque entièrement l'analyse de la céramique. Le second a spécialement étudié les monnaies et contribué à réunir le matériel comparatif concernant les objets. Il a réalisé en outre les relevés d'architecture et contribué, avec A.Tefnin-Leurquin, à la mise au net des dessins d'objets et de céramique.

[2] Sauf un hiatus, réel ou apparent, correspondant au Bronze Ancien III-IV. Voir la note suivante.

[3] Ces résultats sont exposés dans R.TEFNIN, Deux campagnes de fouilles au Tell Abou Danné (1975-1976), *Le Moyen Euphrate, Actes du Colloque de Strasbourg 1977* (1980), pp. 179-199.

[4] Trois autres semaines ont été consacrées, durant la campagne 1978, à une première exploration du site d'Oumm el-Marra, dans la même région au Nord du lac de Djabboul. On verra R.TEFNIN, Exploration archéologique au Nord du lac de Djabboul (Syrie): Une campagne de sondages sur le site d'Oumm el-Marra, 1978, dans *Annuaire de l'Institut de Philologie et d'Histoire Orientales de l'Université Libre de Bruxelles*, 23 (1979), pp. 71-94.

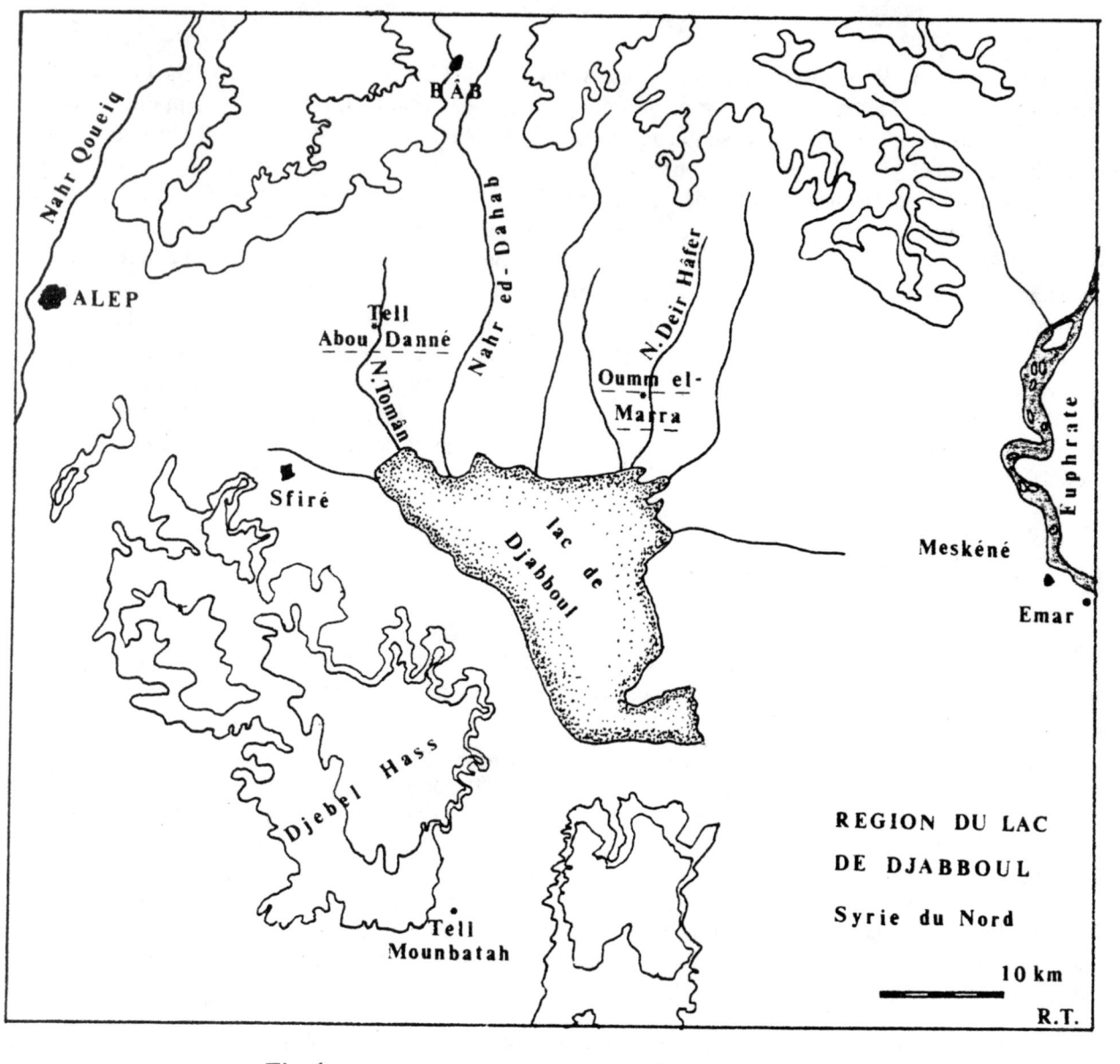

Fig. 1:   Carte de la région du lac salé de Djabboul.

l'escalier stratigraphique était simplement fonction des données, architecturales ou autres, fournies par la fouille. Au début de la campagne 1977, en vue de l'ouverture du Chantier A, un réseau topographique fut appliqué à l'ensemble du site[5]. Déployé à partir d'un axe nord-sud passant par le repère géodésique au point culminant du tell (altitude: 383,05 m), ce réseau détermine des carrés de 10 x 10 mètres définis par la combinaison d'une lettre et d'un chiffre **(fig.2)**. Les lettres utilisées sont grecques vers l'Ouest, latines vers l'Est, les alphabets se déroulant à partir de la ligne de base. En pratique cependant, la complexité stratigraphique du tell a amené à user comme modules de fouille de quadrants de 4 x 4 mètres, séparés par des bermes d'1 mètre. A l'intérieur de chaque carré, les quadrants sont désignés d'Ouest en Est et du Nord au Sud par une lettre supplémentaire A, B, C ou D. Le premier objectif assigné au Chantier A étant l'étude des couches récentes du site (niveaux I et II du Sondage I), l'emplacement fut choisi en partie sur le plat du sommet, afin d'offrir assez de surface appartenant à la dernière époque d'occupation, et en partie sur la pente, afin de permettre un approfondissement aisé et une bonne évacuation des déblais. Les carrés G18, H18 et G19 remplissaient parfaitement ces conditions. Toutefois, le terrain étant fortement déclive, il importait de ne fixer au départ qu'une dimension Nord-Sud, le chantier devant s'étendre vers l'Est de lui-même au fur et à mesure que la fouille s'approfondirait. La limite occidentale des quadrants G18A, G18C et G19A, représentant 15 mètres, fut donc choisie comme largeur pour ce Chantier A, tandis que sa longueur Est-Ouest, de 5 mètres seulement au début de la campagne 1977, avait atteint plus de 30 mètres à la fin des fouilles de 1978. Entretemps, sous la cote 377,5 les quadrants occidentaux G18A, G18C et G19A avaient été abandonnés, et la limite du Chantier vers l'Ouest reportée à G18B, G18D et G19B, au profit d'une extension de la fouille vers le Sud (H19C/D, H20A). Cet accroissement progressif des surfaces fouillées a permis d'atteindre, à la fin de la campagne 1978, 450 m^2, à la cote 375 environ[6].

Carrés fouillés en 1978:   G18(A/B/C/D) - G19(A/B) - H18(A/B/C/D)
                                       - H19(A/B/C) - H20(A).

Carrés fouillés en 1978:   G18(B/D) - G19(B) - H18(A/B/C/D) - H19(A/B/C/D)
                                         - J18(A/C) - J19(A) - H20(A).

---

[5] Travail réalisé par M.Francis De Gendt, géomètre-expert et topographe, qui fut aimablement "prêté" à la mission du Tell Abou Danné par le Bureau d'Etudes de J.-M.Bertrand, à Bruxelles. Je dois à tous deux une grande reconnaissance pour leur collaboration désintéressée et efficace.

[6] Toutes les indications altimétriques sont exprimées par rapport au niveau de la mer. On voudra bien noter que l'angle NO du quadrant G18A (point matérialisé 10) est coté à 380,33m, altitude représentant le niveau d'ouverture le plus élevé du Chantier A.

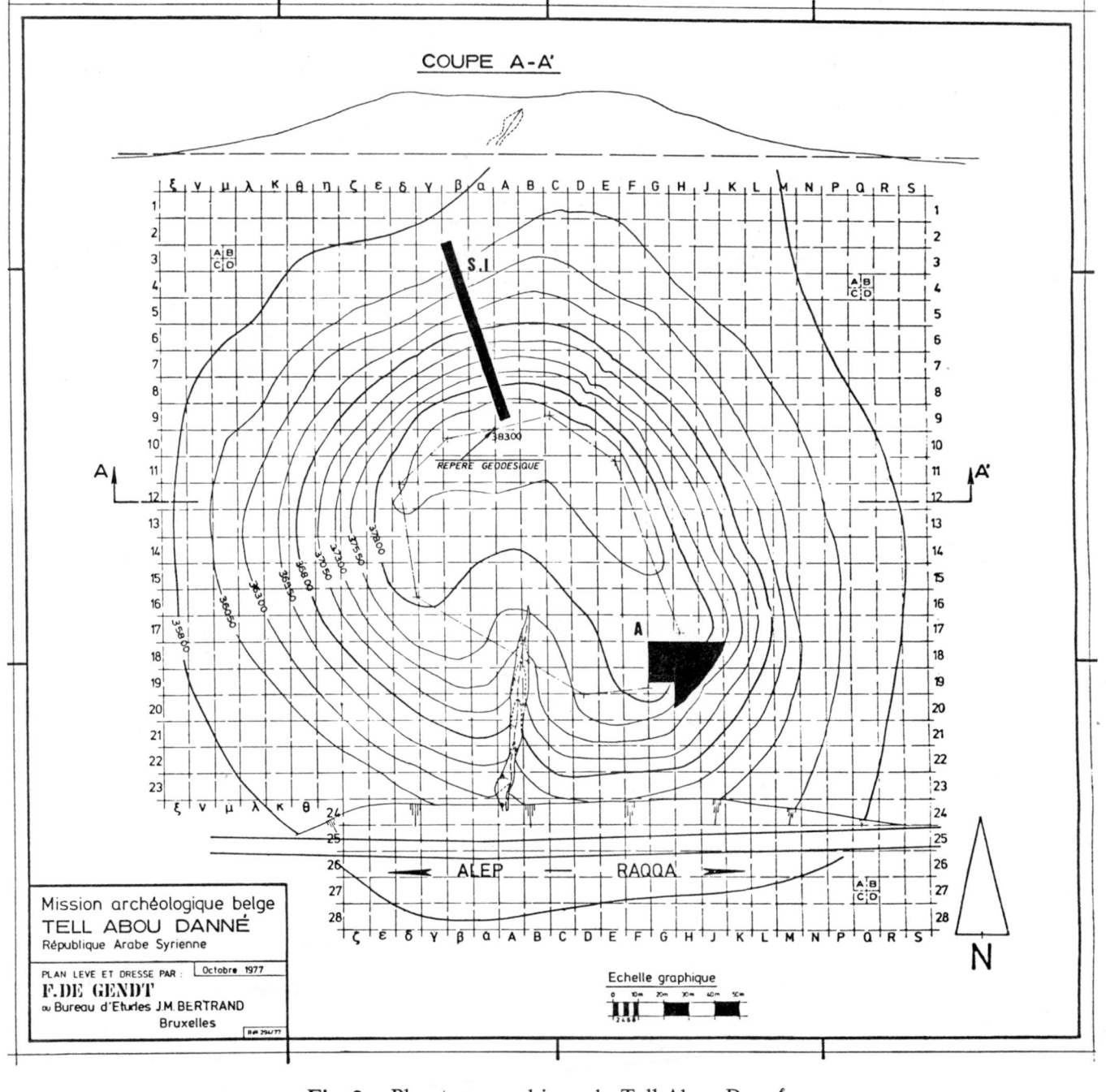

Fig. 2: Plan topographique du Tell Abou Danné.

NIVEAUX	COTES	CARRÉS	QUADRANTS		ÉPOQUES
Ia₁ - - - - -	379,65 - - - -				
Ia		G 18	A B C D		
		G 19	A B		romaine
Ia₂ ——	379,15 ——				
Ib₁ - - - - -	378,65 - - -				
Ib		G 18	A B C D		
		G 19	A B		
Ib₂ ——	378,50 ——				
		G 18	A B C D		
Ic		G 19	A B		hellénistique
		H 18	A C		
		H 19	A		
	377,70				
		G 18	B D		
IIa		G 19	B		
		H 18	A B C D		
		H 19	A B		
	377,10				
		G 18	B D		
IIb		G 19	B		
		H 18	A B C D		
		H 19	A B C		
	376,50				Fer III
		G 18	B D		
		G 19	B		
IIc		H 18	A B C D		
		H 19	A B C D		
		H 20	A		
	376,10				
		G 18	B D		
		G 19	B		
		H 18	A B C D		
IId		H 19	A B C D		
		H 20	A		
		J 18	A C		fin Fer II
		J 19	A		
	375,20				

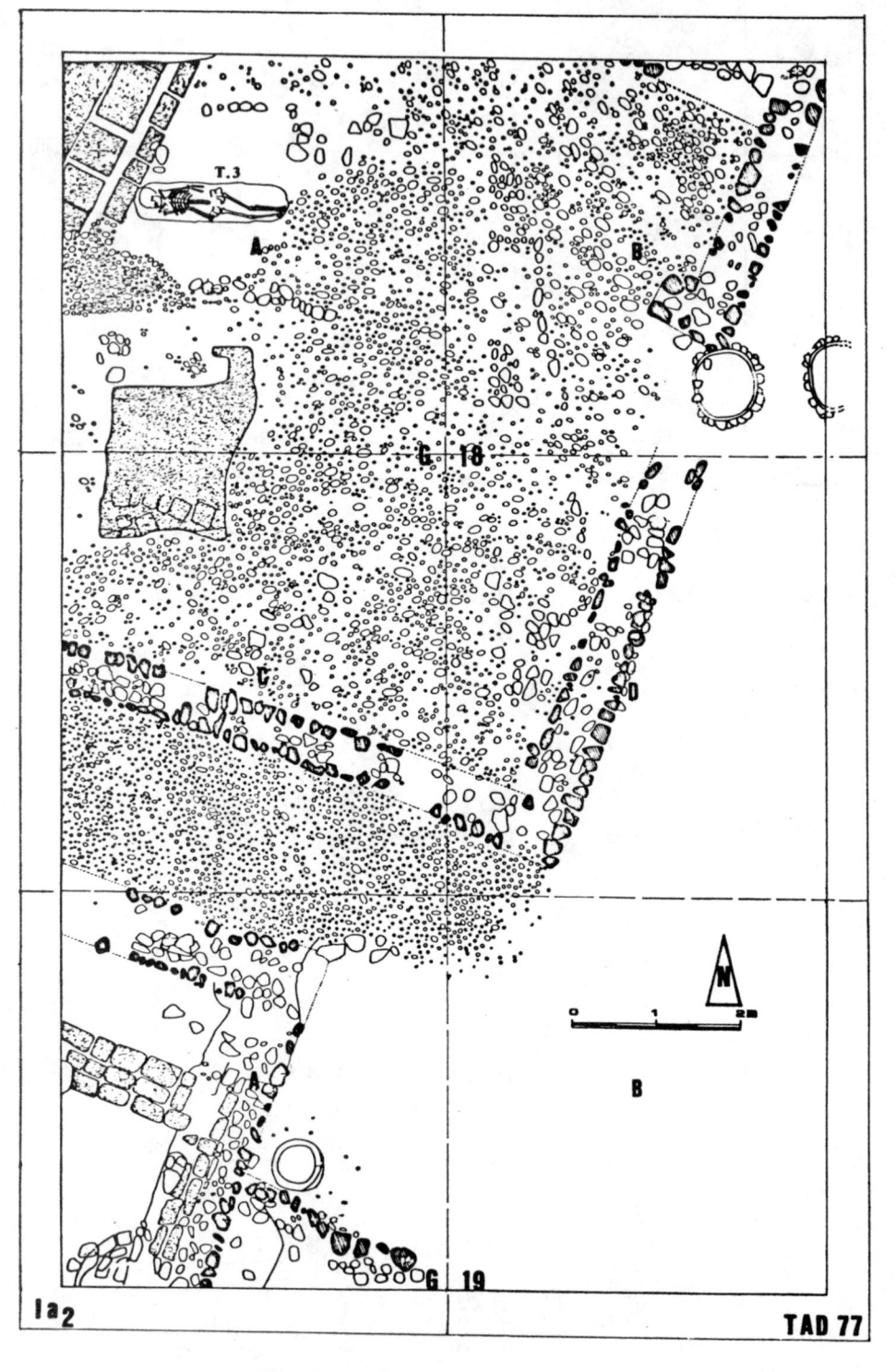

Fig. 3: Chantier A, couche Ia₂.

3. Vestiges architecturaux. Stratigraphie.

Les travaux poursuivis sur le Chantier A durant ces deux campagnes ont permis de con-firmer et de préciser notablement la périodisation esquissée à l'issue du Sondage I. Pour faciliter la lecture du présent article, il a semblé utile de fournir d'emblée le canevas strati-graphique dégagé de la fouille (p. 7), et de le faire suivre par les observations qui le justifient.

3.1. Couche Ia (*fig. 3*: Ia$_2$)

Quelques dizaines de centimètres sous la surface, apparaissent en divers endroits du chantier des tombes islamiques constituées d'une simple fosse oblongue bordée d'un côté par des briques crues posées de chant, ou bien couvertes de grosses pierres. Onze tombes de ce type ont été découvertes, traversant la couche Ia$_1$, et, dans un cas seulement, Ia$_2$ (T.3). Aucun matériel n'accompagnait ces défunts, allongés tête à l'Ouest, le visage tourné vers le Sud.

Les vestiges architecturaux correspondant à la toute dernière occupation du site commen-cent à se manifester à la cote 379, 85 et présentent des sols vers 379, 65. Ils consistent en l'angle d'une construction assez sommaire, sans doute une modeste maison qui doit s'étendre, pour l'essentiel, dans le carré F19. Dans le quadrant G19A apparaissent deux murs à peu près perpendiculaires montés en briques crues sur un soubassement de petites pierres non taillées. Un enduit de terre les recouvre. Un mur de refend, bâti seulement en briques, sans soubassement de pierres, court parallèlement au mur extérieur NO-SE. L'espace compris entre ce mur de briques et l'angle SO du quadrant montre, à 378,9, un sol chaulé bien lissé. A la face extérieure du mur NE-SO vient par ailleurs s'accoler un mur perpendiculaire, rapidement rongé par la pente du tell. L'angle de ces deux murs abritait un *tannour*, couronne de terre cuite (ϕ 70 cm) posée sur un lit de petites pierres. Une ruelle caillouteuse, large d'environ 2 mètres, sépare cette maison de la cour (occupant le carré G18 presque entier) de la demeure voisine. Un peu plus étroit qu'un mur de maison, mais possédant également un soubassement de pierres non taillées, ce mur traverse G18C du NO au SE, fait angle en G18D et remonte très exactement dans l'angle NE de G18B. Quelques pierres alignées NO-SE, dans ce même angle, constituent probablement l'amorce d'un retour vers l'Ouest. L'étude de cette cour a permis de noter l'existence de deux états d'aménagement. Dans l'état le plus récent (Ia$_1$), clairement indiqué à 379,65 par un empierrement soigné et continu (sauf la perforation par les tombes islamiques T.1, T.2, T.3, T.4 et T.8), la cour paraît s'ouvrir à l'Est par une porte dont a subsisté le montant nord. Seules installations à signaler, deux petits fours à pain (*tannour*) dressent en G18C leur couronne de terre cuite rouge (ϕ 65 cm). Dans l'un d'eux était remployée une demi-assiette en sigillée ESA (TAD 77.A1.1; **fig.13:1**), d'un type datable du dernier quart du Ier siècle avant notre ère ou du premier quart du Ier siècle de notre ère[7]. L'état plus ancien de l'aménagement (Ia$_2$, **fig. 3**), enfoui sous quelque 0,50m de déblais, présente une même

---

[7]	*Infra*, p. 31, n. 69.

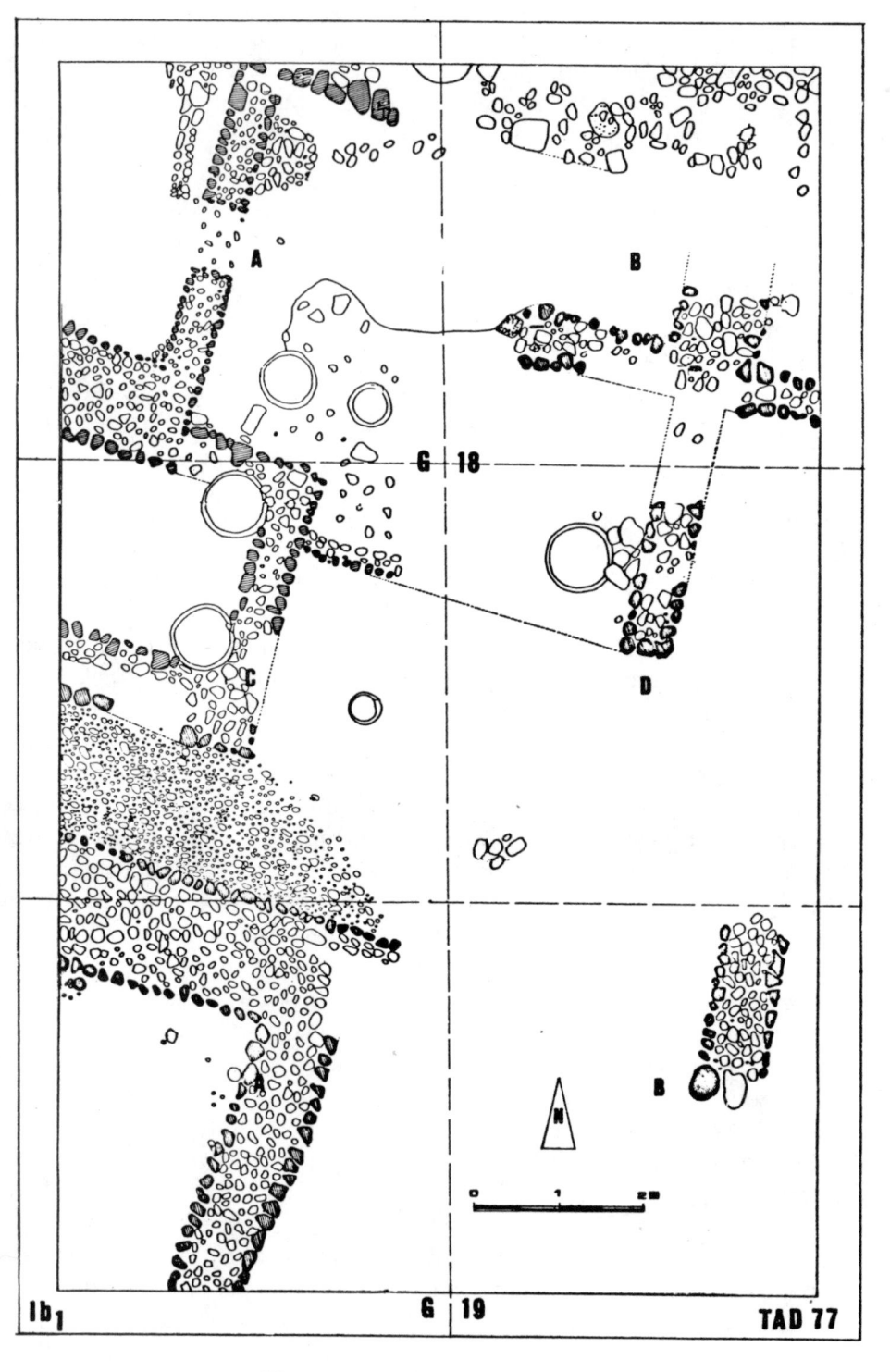

Fig. 4: Chantier A, couche Ib₁.

surface empierrée. Un tronçon de mur, sans doute celui de la maison attenante à la cour, apparaît dans l'angle NO de G18A et on note en G18B les vestiges de deux nouveaux *tannour*. L'épaisseur du remblai ne doit pas faire illusion quant à l'intervalle de temps séparant ces deux états. Aucun remaniement significatif n'est perceptible dans la maison de G19A dont un même sol (a 378, 85) correspond aux deux phases de la cour voisine. Le remblai qui sépare ces dernières paraît par conséquent avoir été apporté de main d'homme.

3.2. Couche Ib (*fig. 4*:Ib$_1$)

Immédiatement sous l'angle de murs de la maison de G19A, apparaît l'angle d'une construction de même allure, lui ayant servi de fondations. Un sol lissé correspond à cet état, à la cote 378, 20 environ. Contre le mur nord, la ruelle caillouteuse existe déjà. Mais c'est la région située au Nord de cette ruelle qui différencie surtout, du point de vue architectural, la couche Ib de la couche Ia. Au lieu de la cour empierrée, une structure plus complexe apparaît, constituée de plusieurs murets de pierres sèches enfermant des espaces qui durent être des courettes, équipées de fours à pain. Dans le secteur NO de G18A, deux murs formant angle droit, l'un d'eux percé d'une porte, enferment un morceau de sol lissé appartenant sans doute à une deuxième habitation. On notera que les couches d'occupation tendent à s'incliner vers le Sud, comme il est normal à l'approche de la pente de la colline, et que le sol de la maison de G18A se situe de ce fait une quarantaine de cm (378, 55) au-dessus de celui de la maison de G19A.

Par ailleurs, affleurant à la surface du tell, à la cote 378, 50 approximativement, une grande fosse (77.11), d'un diamètre maximum de 2,30m et profonde de 2,50m, s'ouvre à la limite des quadrants H18A et H18C (Elle est visible sur le plan de la couche sous-jacente Ic, **fig.5**). Laissée béante, elle fut progressivement comblée par des détritus organiques devenus une terre fine et légère, mêlée de cendres. Outre des restes abondants de vaisselle en terre sigillée, on y a exhumé des fragments de statuettes creuses, exécutées au moule bivalve, plusieurs lampes à huile apparentées au type "d'Ephèse", et un morceau du réservoir d'une lampe moulée du début de l'époque impériale[8] (**fig. 17:12**). La découverte la plus étrange fut, dans cette même fosse, à une profondeur de 2,20m, d'un squelette humain recroquevillé, tête au Sud et face en terre, gisant sur un socle étroit de terre compacte, très différente du matériau léger comblant le reste de la fosse. Le squelette était recouvert d'une épaisse couche de cendre fine et le crâne en était complètement rempli. Les stratifications de la fosse ne présentant aucune perturbation, l'hypothèse d'un surcreusement de la fosse comblée n'est pas à retenir. Nous sommes en présence d'une inhumation humaine qui paraît pour le moins sommaire! Indication qui confirme l'époque récente, dans l'histoire du tell, à laquelle doivent appartenir remplissage et inhumation, dans le bloc de terre compacte supportant le cadavre a été retrouvé un tesson de bol à vernis

---

[8] F.O.WAAGÉ, dans Antioch-on-the-Orontes III (Princeton, 1941), type 39b (ex.: 39b:97). Th.OZIOL, Salamine de Chypre VII. Les lampes du Musée de Chypre (Paris, 1977), n°288, pl.16, p.115 ("milieu du 1er siècle de notre ère- deuxième siècle").

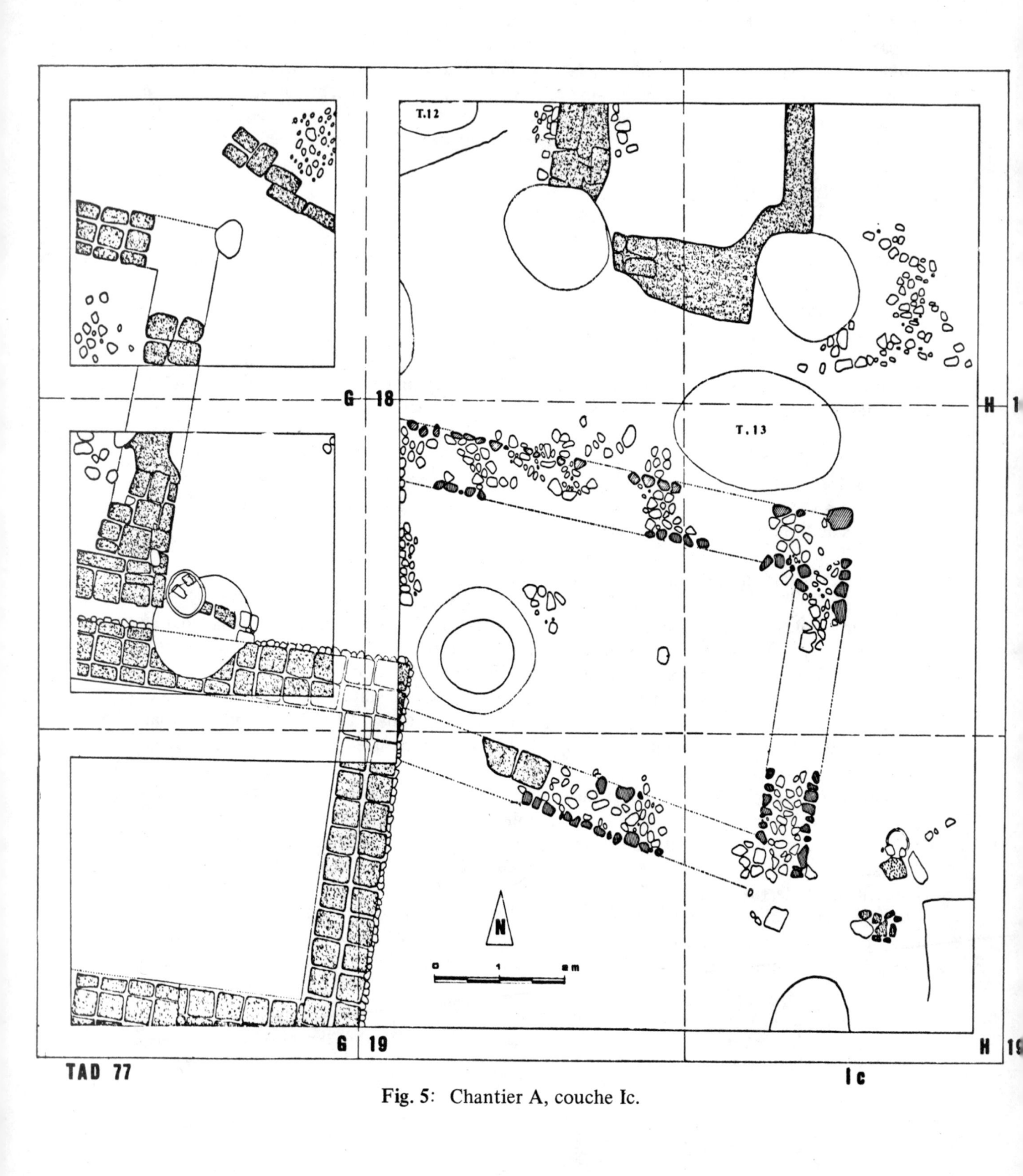

Fig. 5: Chantier A, couche Ic.

noir de la forme 24 (TAD 77. A3.407), forme datée du 1er siècle de notre ère[9]. La cote d'apparition de la fosse, correspondant actuellement à la couche IIb, est en réalité faussée par les effets d'une érosion particulièrement forte au sommet de la pente du tell. Le matériel retrouvé indique sans nul doute que la fosse appartient à la toute dernière occupation du site.

3.3. Couche Ic (*fig. 5*)

La phase la plus ancienne du niveau I se caractérise par des vestiges de constructions d'implantation et d'orientation à peu près semblables à celles des deux plus récentes, mais plus soignées, et représentant—la profondeur s'étant accrue—une surface fouillée plus large. La construction principale, la plus reconnaissable, se trouve toujours dans le quadrant G19A, ce qui indique une nette persistance de la fonction du sol à travers tout le niveau I. Sur un soubassement de petites pierres, trois murs de briques crues recouverts d'un enduit de terre beige se rencontrent à angle droit et enferment un espace de sol battu, souvent refait et chaulé, constituant une épaisseur d'une vingtaine de cm, de 377, 6 a 377, 4. Outre cette construction bien conservée, les quadrants fouillés à cette profondeur ont tous livré des tronçons de murs de briques posés sur les mêmes soubassements de pierre, et des traces de sols blanchis assez abondantes, surtout en G18A, G18B et G18D. Le vol des pierres de ces murs, certainement réutilisées en Ib puis en Ia, a toutefois atteint une telle ampleur que le plan ne peut qu'être très conjecturalement restitué. Parmi les constatations les plus remarquables, on notera la découverte, dans l'angle NO de G18B, de la moitié d'une tombe (T.12)(**pl.I,1**), que son niveau d'affleurement (377,75) inscrit indubitablement dans la phase Ic. Le squelette reposait tête à l'Est (376,35) sous un alignement (partiellement engagé dans les bermes nord et ouest) de quatre jarres-torpilles en terre mal cuite, posées transversalement (377, 2/376, 6). Les intervalles entre ces jarres avaient été bourrés de petites pierres liées au mortier de terre. Ce type d'inhumation est plus d'une fois attesté dans la région, notamment au Tell Kannas ou à Neirab, dans les couches supérieures du site[10]. Outre les jarres, la terre de remplissage de la fosse contenait une pièce de monnaie en bronze entièrement effacée (TAD inv.783), une tête de "cavalier perse" (TAD inv.485, **pl.VIII**), une tête de plaquette "d'Astarté" (type vêtu, TAD inv.491, **pl.V,1**) et un morceau de broyeur en basalte. Etant donné que ces quatre catégories d'objets sont abondamment représentées, en état souvent fragmentaire pour les broyeurs et les statuettes, dans toutes les couches correspondant aux niveaux I et II du Tell Abou Danné, on ne peut affirmer

---

[9] Voir J.F.CROWFOOT-G.M.CROWFOOT-K.M.KENYON, Samaria 3 (Londres, 1957) pl.81:22, p.337. A.P.CHRISTENSEN-C.F.JOHANSEN, Hama 3,2 (Copenhague, 1971) fig.69:24,6a et 6b, p.173. F.O. WAAGÉ, Antioch-on-the-Orontes 4,1 (Princeton, 1948) pl.VI:473f, pp.35,38. P.W.LAPP, Palestinian Ceramic Chronology 200 B.C.-A.D.70 (New Haven, 1961) p.68 sqq. (Ces ouvrages seront abrégés, dans les pages qui suivent, sous la forme: Samaria 3, Hama 3, Antioch 4 et LAPP, P.C.C.).

[10] Cf.A.FINET dans *Antiquités de l'Euphrate* (Damas, 1974) pp.72 et 75. B.CARRIERE-A.BARROIS dans *Syria* 8 (1927) pp. 133-136 et *Syria* 9 (1928) pl. III, pp. 193-196.

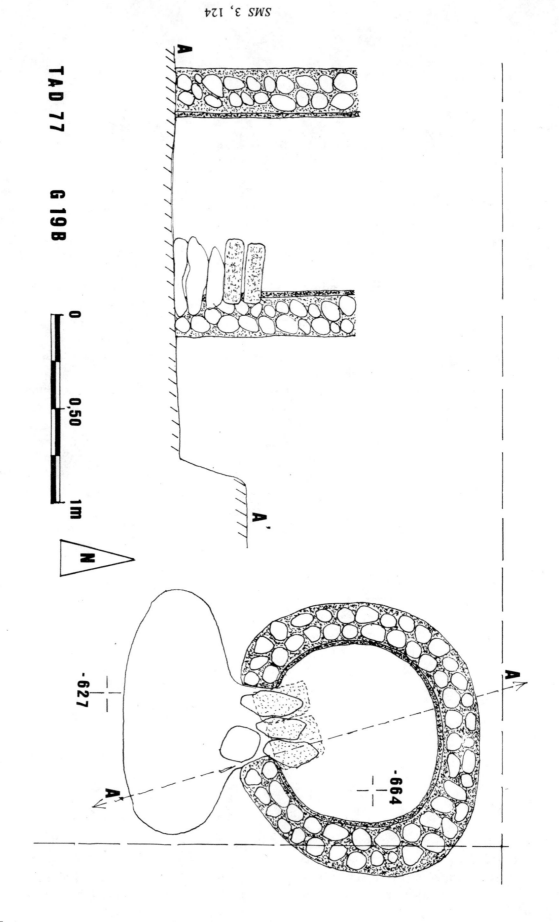

Fig. 6: Chantier A, plan et coupe du four de la couche IIb.

TAD 77 G 19 B

0 0,50 1m

N

qu'elles aient constitué dans le cas présent un matériel funéraire intentionnellement disposé[11].

3.4. Couches IIa - IIb

Au point de vue des vestiges architecturaux, les deux phases récentes du niveau II sont parmi les plus décevantes qui soient. Aucune structure cohérente ne s'y dessine, tant le vol des murs et le creusement des fosses en ont perturbé la physionomie. On réservera pour une analyse plus détaillée la présentation et la discussion de tel tronçon de mur, de tel élément de dallage. Si la phase IIa présente encore quelques éléments reconnaissables, appartenant à de petites constructions de même aspect que celles du niveau I, la phase IIb, elle, n'offre que l'image d'une succession de tassements de terre rougeâtre, percés de fosses. Aucun mur, même très endommagé, ne se laisse discerner, et l'on peut sérieusement penser, malgré la surface fouillée relativement faible, que cette phase correspond à un rétrécissement de l'habitat sur le tell, entraînant l'abandon de ses bords. Une confirmation serait fournie par la découverte de deux fours plus importants que les foyers du type *tannour* précédemment rencontrés. Le premier, conservé sur 1 mètre de hauteur, est situé dans l'angle NE du quadrant G19B (cote 376,35 pour le fond). Du second, partiellement contenu dans la berme est de G18D, n'a subsisté que la base (376,5), mais le dispositif était indentique à celui de G19B, qui va être décrit (**fig.6**). Dans le sol tassé, à la cote 376,7, fut creusée une fosse profonde d'une quarantaine de centimètres, en forme de 8. Dans la boucle la plus grande du 8, fut ensuite élevée une couronne cylindrique de deux rangées de petites pierres rondes, maçonnées et couvertes d'un épais enduit intérieur et extérieur. Cette couronne, large d'environ 25 cm, délimite une chambre parfaitement circulaire d' 1 mètre de diamètre. Sur toute la hauteur conservée, une "porte" large de 50 cm met la chambre du four en communication avec la seconde boucle du 8, fosse plus petite (ovale, ϕ 130 et 80 cm) et dépourvue de tout aménagement. La "porte" fut trouvée fermée par trois lits de pierres allongées, surmontées de deux lits de morceaux de briques. Il s'agit clairement d'un blocage intentionnel. Chambre du four et fosse extérieure étaient remplis de cendres fines et noires. Aucun fragment de sole ni aucun dispositif pouvant en tenir lieu n'ayant été découvert, on pense à un four de type très simple où alandier, laboratoire et chambre de chauffe seraient confondus[12]. Aucun déchet de cuisson n'a été découvert qui permettrait de préciser l'usage particulier de ces fours, que leurs faibles dimensions rendent toutefois peu propres au travail du potier.

---

[11] Un matériel varié, comprenant quelquefois des figurines, a été découvert dans les tombes de ce type à Neirab, cf. *Syria* 9 (1928) pp.193-202.

[12] Type I de G.DELACROIX-J.L.HUOT, Les fours dits "de potier" dans l'Orient ancien, *Syria* 49 (1972) p.79, fig.9.

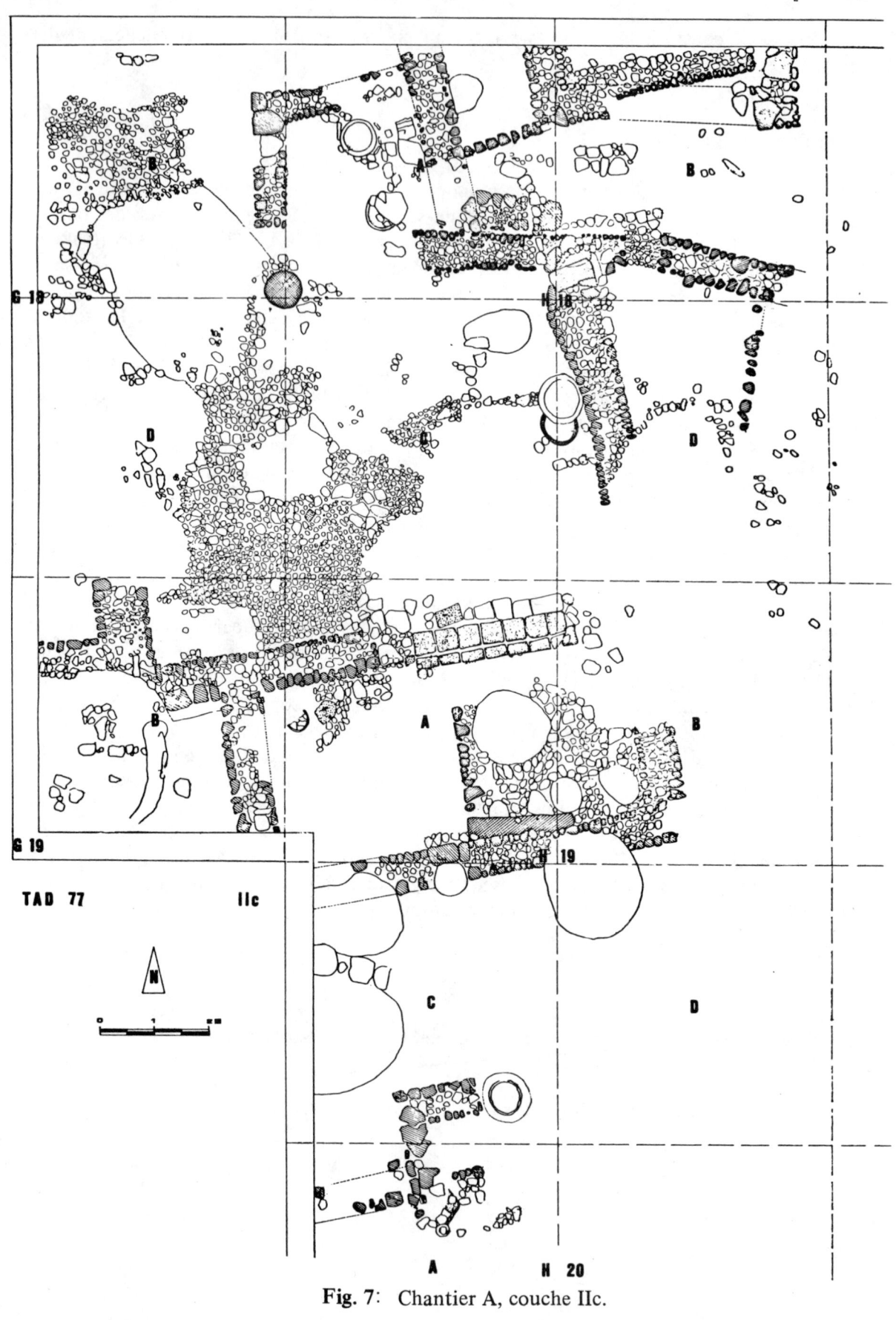

Fig. 7: Chantier A, couche IIc.

3.5. Couche IIc (*fig. 7, pl.II*)

Une disposition architecturale cohérente reparaît à la phase IIc, constituée par un ensemble de murs en briques crues sur soubassements de petites pierres, selon une technique constamment observée jusqu'à présent. Malgré les dégâts provoqués par les fosses tardives, on peut reconnaître encore distinctement plusieurs pièces disposées autour d'une cour, au pavage constitué par d'assez grosses pierres noyées dans un enduit de terre battue (**pl. II,1**). La cour occupe assez exactement les quadrants G18B, G18D et H18C. Un ensemble de murs occupe les quadrants H18A, H18B et H18D, un autre les quadrants G19B, H19A et H19B. La construction la mieux conservée (**pl.II,2**) ferme la cour du côté du Sud. Il s'agit d'une longue pièce rectangulaire de 8 x 4,50 mètres, partiellement dallée et munie au milieu du mur nord d'une porte à seuil empierré et crapaudine. Deux *tannour* superposés s'appuient au mur fermant la cour du côté de l'Est (H18C/D), deux autres occupent un décrochement du mur nord (H18A).

3.6. Couche IId (*fig. 8*)

Trois semaines de fouilles, durant l'automne 1978, ont été consacrées à l'enlèvement des pierres constituant la phase IIc et à un approfondissement d'environ 1 mètre de l'ensemble du chantier. Ce travail a permis la mise au jour partielle d'un ensemble plus complexe, constitué par plusieurs pièces d'habitation articulées autour de cours empierrées. Une différence frappe d'abord, par rapport à toutes les constructions précédemment décrites, c'est l'absence presque totale de pierres de soubassement, c'est-à-dire un mode de construction à la fois plus proche de celui en usage actuellement dans cette région de Syrie, et de celui que le Sondage I a attesté, au Tell Abou Danné, pour tous les niveaux antérieurs à II. Conséquence de ce recours à peu près exclusif à la brique, les murs des constructions abandonnées ont moins tenté les récupérateurs et leur lisibilité actuelle est meilleure. La fonction des constructions est toujours domestique. On reconnaît aisément des pièces d'habitation dans les locaux à sol bien enduit et lissé de H19 A/B/C, une cour empierrée et munie de deux fours à pain à la croisée de G18B/D-H18A/C, une ruelle étroite en G18B-H18A. Certains dispositifs sont plus mystérieux. Ainsi, on ne voit pas immédiatement quelle dut être la fonction de la pièce carrée, dépourvue de porte, de H18D-J18C, et dont le sol est situé environ 1 mètre plus bas (374,35) que le niveau moyen de l'habitat (**pl.I,2**). Elle fut trouvée vide d'objets et remplie d'une terre fine, noirâtre et stérile. Un dallage assez soigneusement réalisé au moyen de grosses pierres plates imbriquées s'étend au Nord de cette pièce vers un muret enveloppant une aire parfaitement circulaire, faite de petites pierres rondes serrées les unes contre les autres. Un enduit de terre devait les recouvrir anciennement et elles ne portent aucune trace d'usure. Seule une extension de la fouille à ce niveau pourrait expliquer ces particularités.

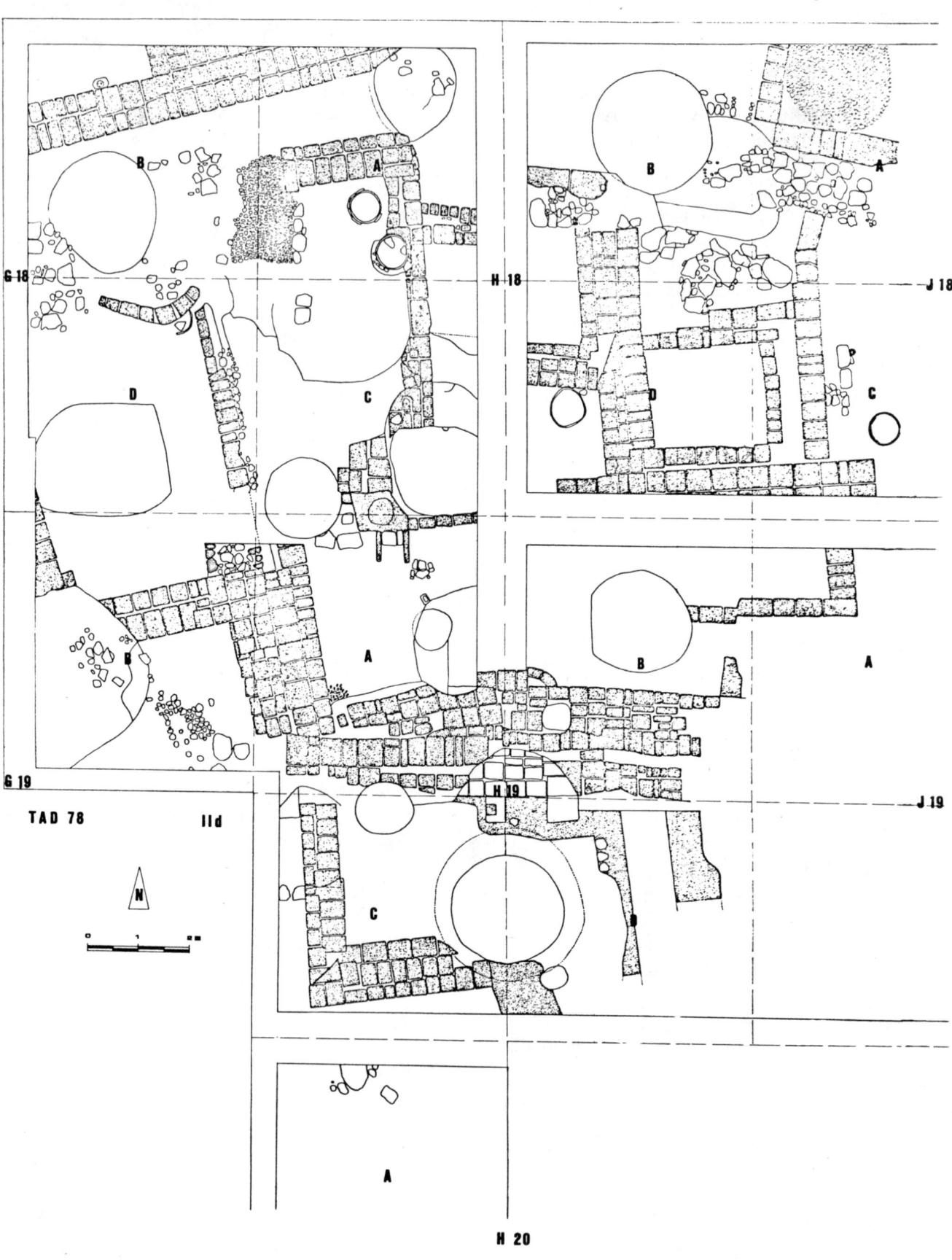

Fig. 8: Chantier A, couche IId.

3.7. Conclusions de l'analyse architecturale.

Si l'on veut résumer cette présentation des vestiges architecturaux découverts dans les niveaux supérieurs I et II du Tell Abou Danné (Chantier A), on notera tout d'abord une remarquable persistance des caractères principaux de l'habitat à travers les 7 phases considérées. Sauf la raréfaction en IId de l'usage de la pierre pour les soubassements de murs, le quartier touché par la fouille paraît constitué, sans changement notable de Ia à IId, de maisons dont la taille avoisine celle des maisons actuelles de la région, et dont la structure consiste pareillement en associations d'espaces couverts aux sols battus et lissés, et d'espaces ouverts durcis par des lits de pierraille. Entre ces ensembles de dimensions sans doute modestes, courent d'étroites ruelles garnies de cailloutis. Aucun élément de toiture n'ayant jamais été retrouvé, ce qui ne s'explique guère que par une récupération systématique des charpentes, et, de façon plus générale, aucun indice de destruction brutale n'étant apparu, on peut, semble-t-il, en conclure que le site du Tell Abou Danné, bourgade rurale de faible ampleur à l'échelle des villes du premier millénaire avant notre ère, dut connaître une existence paisible durant les quelque 7 siècles exposés par la fouille. De l'époque néobabylonienne environ jusqu'au début de l'époque impériale romaine (intervalle de temps qui sera justifié plus loin), les constructions se renouvelèrent de façon naturelle, suivant l'inévitable dégradation des matériaux. Cette impression de continuité ne doit cependant pas faire oublier la possibilité d'un hiatus ou tout au moins d'un rétrécissement correspondant à la phase IIb. Le fait a été signalé plus haut. Architecturalement, il est intéressant de noter à ce propos un changement léger mais net d'orientation des constructions de part et d'autre de la phase incriminée. A l'orientation générale NOO-SEE des phases Ia-c et IIa s'oppose l'orientation SOO-NEE des phases IIc-d. Dans les limites de la fouille, cette opposition se manifeste bien clairement, mais il serait évidemment hasardeux de tirer prématurément des conclusions à l'échelle du site tout entier.

4. Céramique et chronologie.

4.1.

Dans l'état actuel des recherches, c'est évidemment l'examen de la céramique et particulièrement de la vaisselle de luxe qui fournit les éléments les plus déterminants pour la datation des différentes couches, dont les vestiges architecturaux viennent d'être décrits.

Une difficulté particulière réside, pour la période considérée, dans l'abondance et la profondeur des fosses qui, quel que soit le soin apporté à leur individualisation, accroissent fortement le flottement stratigraphique des tessons et obligent à raisonner en termes de fréquence relative plutôt qu'en termes de présence ou d'absence. Une ligne évolutive se développe toutefois bien clairement et offre, ainsi qu'on pourra le constater plus loin, de nettes convergences avec les indications fournies par l'étude des autres catégories de matériel. Pour la bonne compréhension du développement des différents types de céramique rencontrés, il a paru souhaitable d'abandonner l'inversion stratigraphique et de suivre

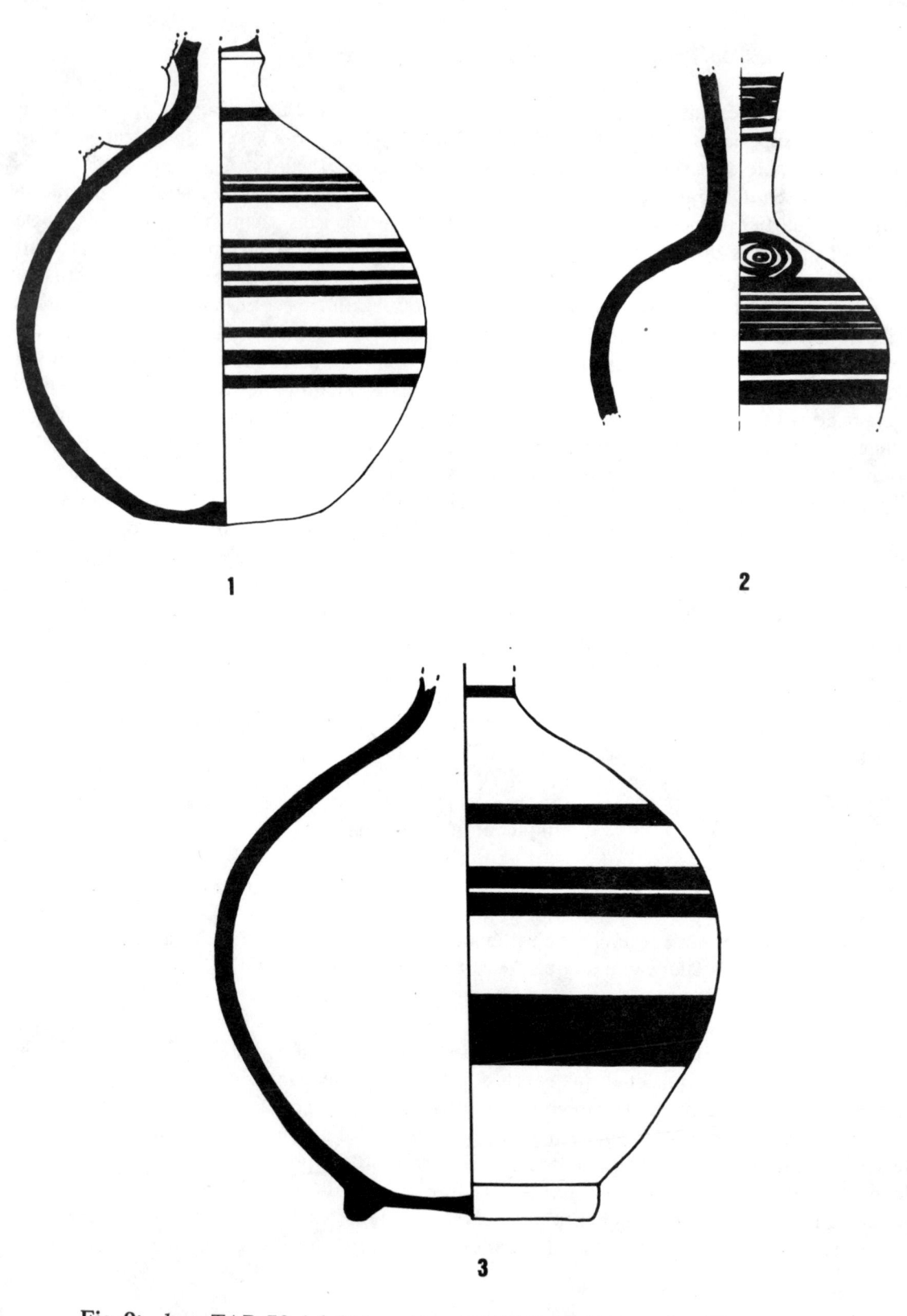

Fig. 9: *1*:   TAD 78.A6.674   *2*:   TAD 77.A4.21b   *3*:   TAD 77.A5.15
Echelle 3/4.

le temps réel en remontant de la profondeur maximale atteinte en 1978 vers la surface du chantier. La céramique trouvée en fosse est ramenée par convention au terminus post quem que constitue le niveau de creusement de chaque fosse.

4.2. Couche IId

Sous réserve des résultats de l'étude en cours des types communs de céramique rencontrés à travers cette phase, la couche la plus ancienne atteinte en 1978 paraît devoir être datée des débuts du Fer III, voire partiellement de la fin du Fer II. Un certain nombre de tessons de céramique à engobe rouge épais et pâte grossière, commune dans les niveaux III et IV du Sondage I, ont été découverts, mais trop peu nombreux pour qu'on puisse rejeter l'hypothèse d'une remontée accidentelle. La céramique vernissée noire d'origine grecque, attestée de IIa à IIc, paraît avoir complètement disparu et la vaisselle de luxe est exclusivement chypriote. En témoignent entre autres les cruches TAD 78.A6.303 et TAD 78.A6.674 (**fig.9:1-2**), recouvertes d'un engobe beige presque blanc et décorées de bandes horizontales et de cercles concentriques peints en brun rouge, une facture très comparable aux exemplaires de la White Painted Ware IV-V, de l'époque Chypro-Archaïque[13]. La forme globulaire des récipients tendrait même plutôt à désigner la première des deux phases Chypro-Archaïques. Toutefois, la comparaison entre l'épaisseur de la couche de remblai constituant IId avec celle des couches supérieures telles que IIc, IIa, Ic, Ib ou Ia, qui correspondent chacune à une vie normale d'habitation privée, dans des conditions théoriquement semblables, n'incite pas à trop étirer l'intervalle de temps que pourrait représenter cette phase IId. En première approximation, les dates 650-500 avant notre ère paraissent raisonnables.

4.3. Couche IIc

Cette phase, représentée comme la précédente par d'importants vestiges architecturaux, ne s'est guère révélée riche en céramique autre que commune. Le principal témoin de céramique peinte (TAD 77.A5.15, **fig.9:3**) consiste en une cruche à pied annulaire, décorée de bandes horizontales de vernis brun rougeâtre, qui rappelle des pièces de même facture trouvées à Tell Judaideh et Al-Mina, ces dernières datées par L.Woolley entre 430 et 375 avant notre ère. Le niveau II du Sondage I du Tell Abou Danné avait livré, en 1975, deux exemplaires de cette même céramique et de nombreux tessons[14]. Les formes de la céramique commune, dont le détail sera donné ailleurs, confirment que la phase appartient encore à la période appelée Fer III.

---

[13] E.GJERSTAD, Swedish Cyprus Expedition IV,2 (Stockholm, 1948) pp.56-57, pll.XXVIII:3-4, XLVI: 2-3, p.198.

[14] L.WOOLLEY, The Excavations at Al Mina, Sueidia, dans *JHS* LVIII (1938) fig.11, p.27. F.O.WAAGÉ, Antioch 4,1 (Princeton, 1948) p.8, fig.1. P.RIIS, Sukas I (Copenhague, 1970) p.118, n°146, fig.42a. R.TEFNIN, Deux campagnes de fouilles au Tell Abou Danné, dans *Le Moyen Euphrate. Actes du Colloque de Strasbourg 1977* (1980), Fig. 7.

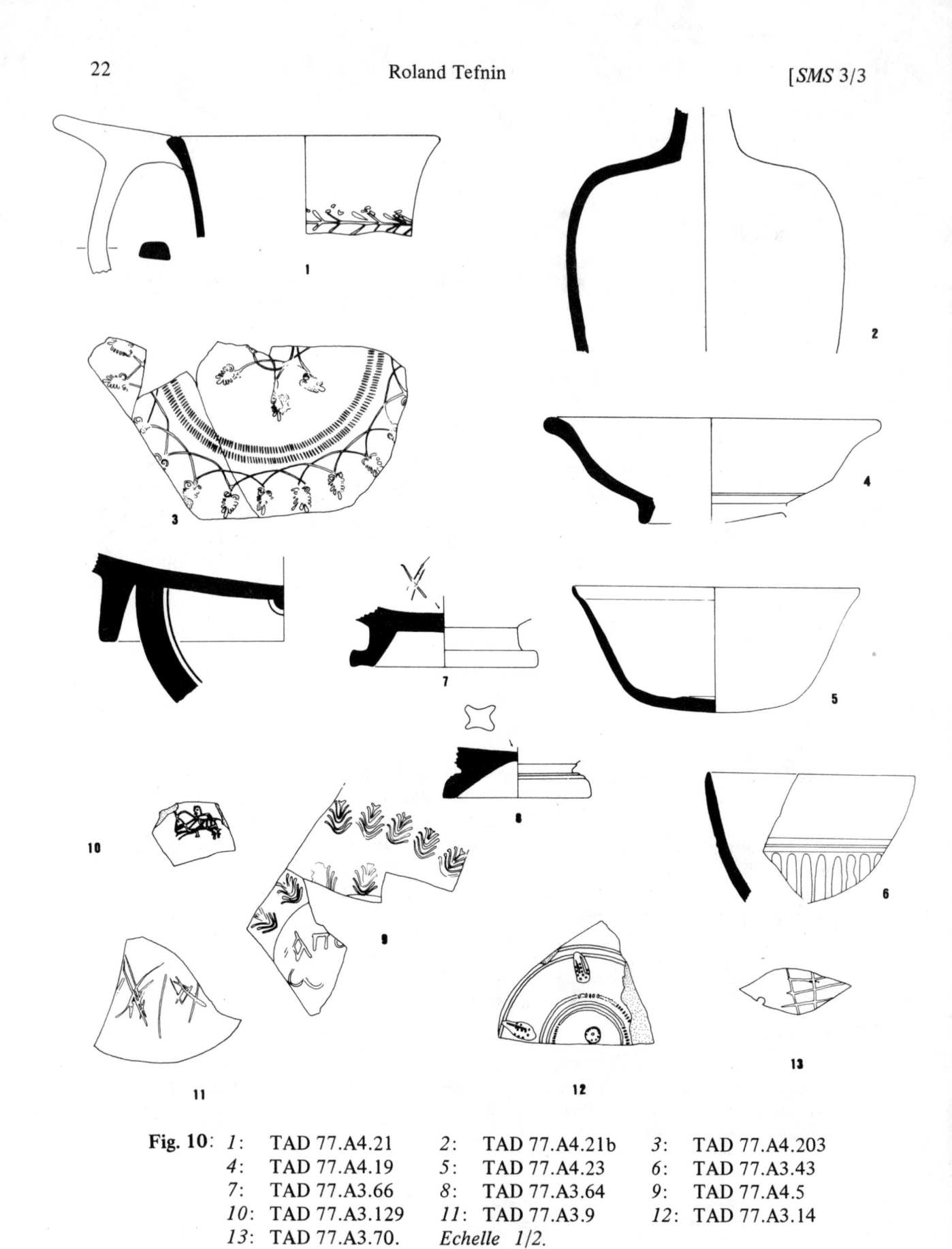

Fig. 10: *1*:   TAD 77.A4.21   *2*:   TAD 77.A4.21b   *3*:   TAD 77.A4.203
          4:   TAD 77.A4.19   *5*:   TAD 77.A4.23   *6*:   TAD 77.A3.43
          7:   TAD 77.A3.66   *8*:   TAD 77.A3.64   *9*:   TAD 77.A4.5
          10: TAD 77.A3.129   *11*: TAD 77.A3.9   *12*: TAD 77.A3.14
          13: TAD 77.A3.70.   *Echelle 1/2.*

4.4. Couches IIb-a[*]

On se souviendra que l'étude architecturale avait permis de relever une certaine dis-continuité entre IIc et IIa, discontinuité représentée stratigraphiquement par une couche IIb vide de restes architecturaux et constituée par une succession de tassements. Au point de vue de la céramique, la même articulation se révèle significative puisque c'est vers la cote 377, soit pratiquement à la base de la couche IIa, que se situe l'apparition du répertoire des formes héllenistiques. Parmi celles-ci, on observe surtout la présence de la coupe hémis-phérique à bord rentrant et de la coupe à carène basse et bord évasé. Avant de développer cette question, il convient toutefois de mentionner la trouvaille de trois pièces de vaisselle de luxe importée, susceptibles de fournir une assise chronologique plus solide. La première est une oenochoé (TAD 77.A4.21b; **fig. 10:2**) à épaulement marqué et vernis noir brillant, pour laquelle on peut citer des parallèles par exemple à Olynthe, datés de la fin du 5ème siècle ou de la première moitié du 4ème[15]. La seconde pièce est un fond de coupe-skyphos (TAD 77.A4.203; **fig. 10:3**), également recouvert d'un vernis noir brillant, et décoré à l'intérieur de deux rondes de palmettes séparées par une double rangée de guillochis et entourant un petit cercle central[16]. L'extérieur est peint, sur un fond lie-de-vin, d'un disque central et d'un large anneau noirs[17]. Cet ensemble de traits permet de situer l'objet très probablement dans le courant du 4ème siècle. La troisième pièce importée, enfin, est un col de canthare de type "West Slope" (TAD 77.A4.21; **fig. 10:1**) à vernis noir brillant et guirlande finement peinte. A Samarie, les exemplaires munis d'anses à appendice, comme l'est celui du Tell Abou Danné, appartiennent "probablement au 3ème siècle"[18], les plus

---

[*]　4.4 à 4.8 par E.WARMENBOL.

[15]　D.M.ROBINSON, Olynthus 5 (Londres, 1933) 304, 320, 384, pp.219-220, 224, 238, pl.157 ("small-necked oenochoae"). Il ne convient pas de retenir ici l'oenochoe du Groupe E de l'Agora d'Athènes datée de la fin du 2ème-début du 1er siècles avant notre ère. Le dépôt auquel elle appartient—un rem-plissage non stratifié de citerne — n'est sans doute pas chronologiquement homogène: voir H.A.THOMP-SON, Two Centuries of Hellenistic Pottery, *Hesperia* 3 (1934) pp.392-393, E 54 p.397, fig.86 et LAPP, P.C.C. p.73.

[16]　Des pièces à décor comparable ont été trouvées, entre autres, à Antioche (Antioch 4, fig.2:1-2), Hama (Hama 3, fig.8:70, 9:70), Tell Sukas (P.RIIS, *op.cit.*, p.102, fig.41h), Doura Europos (D.H.COX, Dura-Europos 4,I,2 (New Haven-Londres, 1949) pl.I:1a, 1b et 2) et Samarie (Samaria 3, fig.52:36-37). Au-cune ne porte de deuxième cercle de palmettes, mais de détail ne se retrouve pas sur deux coupes d'Olynthe datées du 5ème ou du début du 4ème siècles (Olynthus 5, n°s 772,773A, p.353, pll. 83,220). L'apparition du motif de guillochis semble ne pas pouvoir être située plus haut dans le temps que 380/370 (L.JEHASSE, Salamine de Chypre VIII. La Céramique à vernis noir du rempart méridional (Paris, 1978) pp.5-7; Samaria 3, p.254 ("2nd quarter of the 4th century if not sooner"). Quant aux palmettes, elles trouvent des parallèles, à Samarie, dans la première moitié du 3ème siècle (Samaria 3, p.254, fig.52:4-10).

[17]　Voir notamment, à Salamine, des kylix sans tige de la fin du 5ème siècle ou des skyphoi du 4ème: L. JEHASSE, *op.cit.*, pp.67-68, n°s 606, 608, fig.39; pp.74-75, n°s 709-710, fig.93; p.86, n°777, fig.49. Cf.aussi Olynthus 5, n°859, p.370, pl.227; n°869, p.372, pl.229; n°s 911,913, p.382, pl.235.

[18]　Samaria 3, p.242, fig.44:3, 46:4.

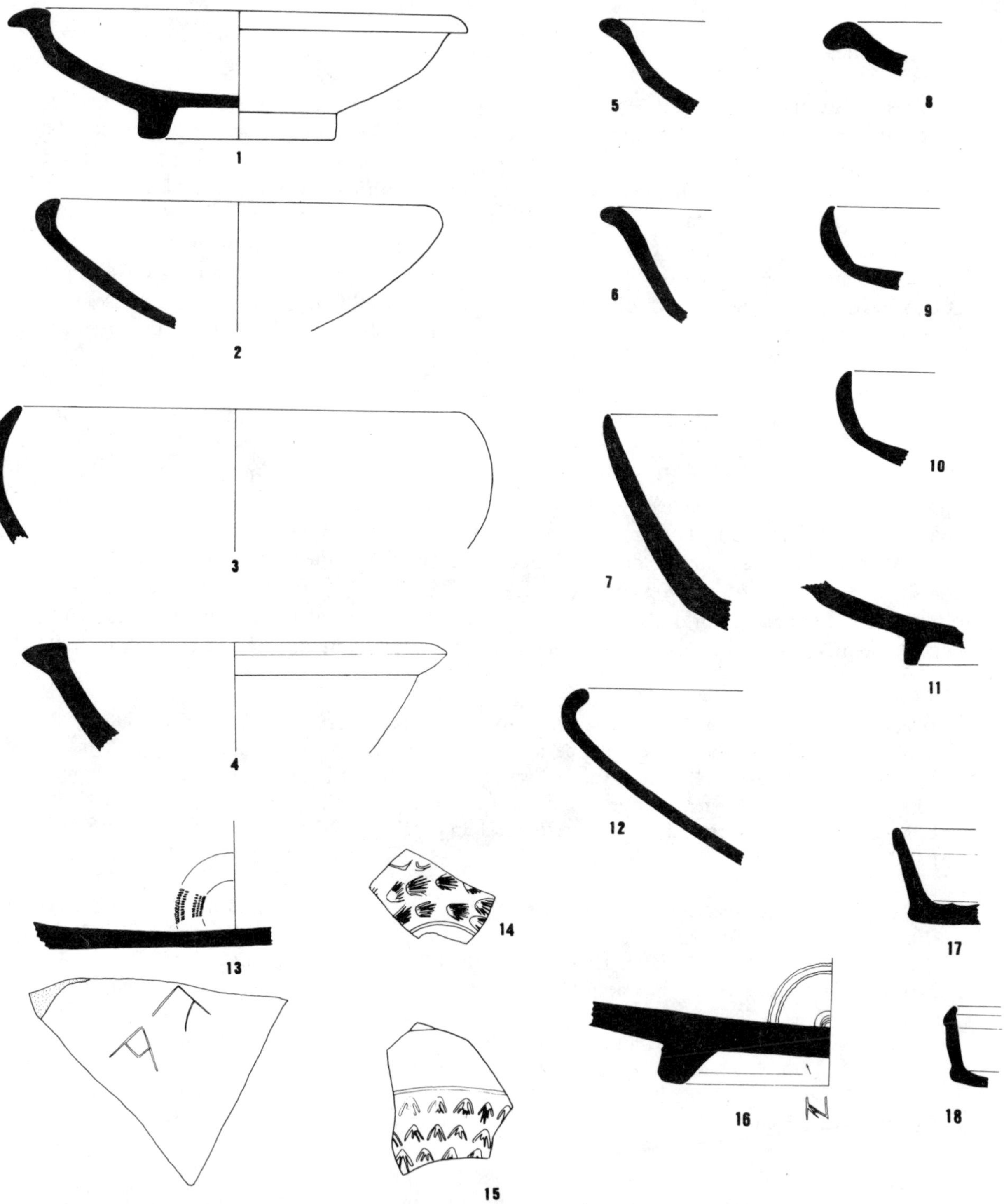

Fig. 11: *1*:   TAD 77.A3.104   *2*:   TAD 77.A3.79   *3*:   TAD 77.A3.98
          4:   TAD 77.A3.86   *5*:   TAD 77.A4.8   *6*:   TAD 77.A4.4
          7:   TAD 77.A3.73   *8*:   TAD 77.A3.58   *9*:   TAD 77.A3.1
          10:   TAD 77.A3.3   *11*:   TAD 77.A3.61   *12*:   TAD 77.A3.80
          13:   TAD 77.A2.39   *14*:   TAD 77.A2.121   *15*:   TAD 77.A2.123
          16:   TAD 77.A2.35   *17*:   TAD 77.A2.69   *18*:   TAD 77.A2.70.
          Echelle 1/2.

proches de l'Agora d'Athènes datant de la première moitié de ce siècle[19]. Cette anse à appendice est encore attestée à Doura Europos[20]. La guirlande qui décore le col est qualifiée à Samarie de "motif commun"[21]. De façon générale, les exemplaires les plus anciens de céramique "West Slope" remontent à la fin du 4ème siècle, mais on peut en rencontrer jusqu'au 1er siècle avant notre ère. La date qui paraît la plus probable pour l'exemplaire du Tell Abou Danné se situerait dans la première moitié du 3ème siècle.

A propos du répertoire commun des formes hellénistiques à vernis noir et dérivés, on retiendra d'abord trois coupes à bords évasés et carène basse plus ou moins nette, une forme retrouvée jusqu'à present, au Tell Abou Danné, exclusivement dans la couche IIa[22] (**fig. 10:4, 11:5-6**). Cette forme apparaît difficile à circonscrire chronologiquement. On la rencontre à Antioche, surtout dans la première moitié de l' "Early Hellenistic Period" (300-200 environ)[23], et elle se raréfie notablement dans la seconde moitié de la même période (200-150 environ), où la préférence va plutôt aux bols et coupes à bords rentrants[24]. Une même évolution se dessine à Samarie, où la coupe à bord rentrant supplante la coupe à bord évasé dans le courant du 2ème siècle, sans que cette dernière disparaisse toutefois entièrement. Le type y est plutôt caractéristique de l' "Hellenistic Period" (terminus ante quem: 130 avant notre ère)[25]. Au Tell Abou Danné, la couche IIa caractérisée par les coupes à bord évasé est précisément aussi le moment d'apparition des coupes à bord rentrant, qui s'y manifestent sous des formes à rapprocher des types 75 et 79 de F.O.Waggé[26]. Tenant compte de ces différents éléments, on proposera, pour la couche IIa une durée couvrant approximativement la deuxième moitié du 4ème siècle et la première moitié du 3ème, sans exclure complètement un étirement à travers le troisième quart de ce siècle.

4.5. Couche Ic

Si un certain nombre de tessons de céramique sigillée, manifestement intrusifs, ont été recueillis parfois dans le niveau II, l'apparition véritable de l'Eastern Sigillata A est à situer indubitablement, dans le Chantier A, aux environs de la cote 377,6, soit à la base de la couche Ic (**fig.14**). Parmi les types les plus représentatifs apparaissent en particulier

---

[19] H.A.THOMPSON, *op.cit.*, p.339, fig.19:B24, B25.

[20] *Ibidem*, p.444. La pièce TAD 77.A4.21 ne doit donc pas être d'importation attique. D.H.COX, *op.cit.*, p.6: 29-31, pl.II:29.

[21] H.A.THOMPSON, *op.cit.*, p.339.

[22] TAD 77.A4.4, TAD 77.A4.8, TAD 77.A4.19 (figg.10:4, 11:5-6).

[23] Antioch 4, pp.14-15, type 43. Particulièrement pl.II, 43f et 43k.

[24] Antioch 4, pp.15-17.

[25] Samaria 3, p.246 et p.219 (particulièrement fig. 37:14 et 48:7). On notera que les exemplaires de Hama se distinguent par une carène intérieure: Hama 3, p.13, fig.4:40-43.

[26] Voir LAPP, P.C.C., p.201, type 151.1. Pour les types 75 et 79 d'Antioche, voir Antioch 4, pl.II,75 (en particulier 75f) et pl.II,79 (en particulier 79a). Le type 75 apparaît dès la première moitié de l'epoque hellénistique, le type 79 appartient plutôt à la seconde moitié de cette période (Antioch 4, pp.14-17), mais leur chronologie reste flottante, et des éléments à caractère local rendent difficile toute étude d'ensemble (LAPP, P.C.C., pp.64-65).

l'assiette de forme 1[27] et les bols de formes 16, 17 et 19[28]. La forme 1 et la forme 16 (cette dernière souvent difficile, d'après tessons, à séparer de la forme 17), sont, on le sait, les deux formes les plus anciennes de Samarie[29]. Toutefois, si Crowfoot propose de les faire remonter jusqu'à la fin du 2ème siècle[30], K. Kenyon considère comme impossible de les faire remonter plus haut que 60 avant notre ère[31]. Lapp adopte, quant à lui, à titre d' "hypothèse de travail", une date d'apparition aux environs de 75 avant notre ère[32]. Ces dernières dates nous paraissent trop basses au Tell Abou Danné, comme elles ont paru trop basses à Tell Arqa, à Shiqmona ou à Antioche, où Waagé suggère une date vers le milieu du 2ème siècle[33]. On notera encore que la forme 19, signalée comme rare à Samarie comme à Antioche[34], apparaît fréquemment dans la couche Ic du Tell Abou Danné. Elle est largement attestée également à Hama[35], où elle appartiendrait aux plus anciennes ESA, datées là au plus haut de la fin du 2ème siècle. C'est encore en Ic, enfin, que peut être mentionné le seul exemple certain, retrouvé au Tell Abou Danné, de forme 2, intermédiaire entre 1 et 16 et appartenant "dans l'ensemble. . . à la même époque"[36], et c'est dans la même couche—mais sous forme probablement d'intrusions—qu'apparaissent les premiers tessons de bols décorés de forme 20[37]. L'un d'eux se distingue par une marque

---

[27] TAD 77.A3.1,3-5,7,9-14, 119(*figg.10:11-12, 11:9-10*). Samaria 3, pp.309, 315-316, fig.73:1-4. Hama 3, pp.57-58, figg.26-27. LAPP, P.C.C., p.214 (type 253.1), 216 (type 253.4).

[28] FORME 16: TAD 77.A3.15-28, 37, 75. Samaria 3, pp.311, 334, fig.80: 1-8. Hama 3, p.113, fig.45. LAPP, P.C.C., p.211, type 251.2. FORME 17: TAD 77.A3.30-36, 38-41. Samaria 3, pp.311, 335, fig.80: 9-14. Hama 3, p.114, fig.45. LAPP, P.C.C., p.211, type 251.2a. FORME 19: TAD 77.A3.43 à 56 (*fig.10:6*), Samaria 3, pp.311, 342, fig.82,7. Hama 3, pp.120-121, fig.46.

[29] Samaria 3, pp.284-286, fig.65:1-3.

[30] *Ibidem.* p.306, n.3.

[31] *Ibidem,* p.285: "The Samaria evidence should be read as proving that by 60 B.C. the ware had come into fairly common use, but that a date much earlier than this cannot be proved".

[32] LAPP, P.C.C., p.27.

[33] J.P.THALMANN, Tell 'Arqa(Liban Nord), dans *Syria* 55 (1978) pp.69-70. J.ELGAVISH, Pottery from the Hellenistic Stratum at Shiqmona, dans *IEJ* 26 (1976) pp.65-76, n.12-13. Antioch 4, pp.25, 27.

[34] Samaria 3, p.342, fig.82:7 (seul exemple). Antioch 4, p.24, fig.7: 173, 175 ("not common").

[35] Hama 3, pp.120-121.

[36] TAD 77.A3.73(*fig.11:7*). Samaria 3, p.309, fig.73: 15-17. Hama 3, p.76, cf.fig.27: 2.2b particulièrement.

[37] TAD 77.A3.57, 404, 406; TAD 77.A1.70; TAD 77.A4.5, 23. *Fig.10:5,9.*

moulée sur le fond, un procédé bien connu à Antioche[38].

On voit que l'abondance de la sigillée ESA retrouvée dans le Chantier A du Tell Abou Danné à partir de la couche Ic, au contact d'une couche IIa caractérisée par des importations de luxe et des formes communes qu'il est difficile de faire descendre au-delà du 3ème siècle nous place en quelque sorte devant un dilemme. Ou bien l'on admet l'existence, dans la stratigraphie du site, d'un hiatus d'environ 1 siècle, ce qui, comme on a pu le constater plus haut, serait en contradiction avec toutes les données de la fouille, ou bien l'on admet, pour le début des fabrications de sigillée orientale, une date haute, à situer en tout cas dans le courant du deuxième siècle. Même si l'argument n'a pas en soi de valeur décisive, on ajoutera qu'il y aurait une nette invraisemblance à comprimer en un peu plus d'un siècle les trois phases Ic, Ib et Ia, représentant une épaisseur accumulée de trois mètres de déblais, et à étaler les quatre phases du niveau II, représentant la même épaisseur, sur une durée plusieurs fois supérieure!

Indépendamment de l'arrivée massive de l'ESA, la couche Ic se caractérise également par une très grande abondance de céramique fine "hellénistique", constituée principalement de bols à bords rentrants, d'assiettes à poisson et de coupes à lèvre épaissie. Nos bols à bord rentrant[39] trouvent à Samarie leurs plus proches parallèles dans le groupe de l'Hellenistic Fort Wall, dont le terminus ante quem se situe vers 150[40]. A Antioche, on peut retenir à titre de compariaison les types 75f et 77f, attribués respectivement à la première et à la deuxième moitiés de l'Early Hellenistic Period (300-150 avant notre ère)[41]. Une pièce telle que TAD 77.A3.80 (**fig.11:12**) pourrait témoigner de la tendance à donner à ces bols un bord de plus en plus nettement rentrant, tendance signalée au cours de l'évolution typologique à Tarse[42]. A côté de ce bol à bord rentrant, type hellénistique de loin le mieux attesté en Ic, on note quelques fragments d'assiettes à poisson[43] à rapprocher des types 13 et 15 d'Antioche[44], datés par Waagé de la deuxième moitié de l'Early

---

[38] TAD 77.A4.5, cf.Antioch 4, p.30, fig.15:21, 27, 31. La marque est a restituer probablement ΟΠΑΩ [NOCH ΧΑΡΙΣ (*Fig.10:9*) - cf.Antioch 4, figg.19: P158, 21:P1983, pp.32, 35-36. A propos de marques, on peut en signaler une autre, mais anepigraphe, sur un fond de forme 16/17 (TAD 77.A3.64,*fig.10:8*. cf.Antioch 4, figg. 19:P689, 21:P2294) et quatre graffiti (TAD 77.A3.66,69,70,129,*fig.10:7,10,13*), l'un d'eux (A3.129) représentant un petit cavalier fort semblable à celui que les fouilleurs de Hama ont appelé "parthe" (Hama 3, p.208:Z, fig. 78.7).

[39] TAD 77.A3.2, 79-81, 83-85, 98-101, 111(*fig.11;2,3,12*). LAPP, P.C.C., p.201, type 151.1. Samaria 3, pp.223-225, fig.38, pp.248-251, fig.49.

[40] Samaria 3, p.219, fig.38:1,5.

[41] TAD 77.A3.100 et TAD 77.A3.81. Antioch 4, pl.II, 75f, 77f.

[42] LAPP, P.C.C., pp.65-66, souligne le caractère local de cette évolution. Cf.Samaria 3, p.225.

[43] TAD 77.A3.58,61,72(*fig.11:8,11*). LAPP, P.C.C., pp.206-207, type 153.1. Samaria 3, pp.220-222, fig.37, pp.260-263, fig.54.

[44] Antioch 4, pl.I, 13, 15. Types sans parallèles très nets hors d'Antioche: LAPP, P.C.C., p.91, n.305.

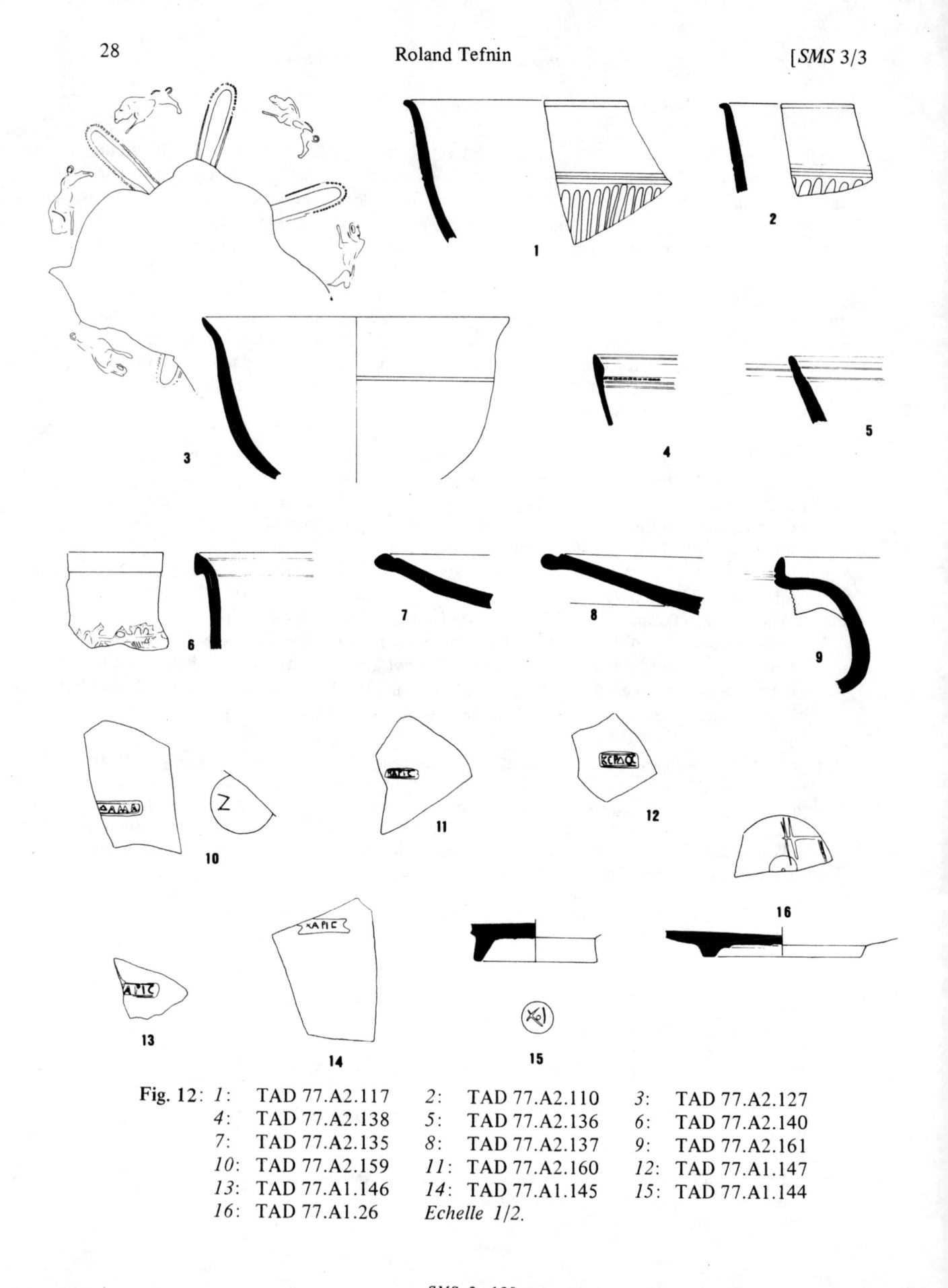

Fig. 12: *1*:   TAD 77.A2.117   *2*:   TAD 77.A2.110   *3*:   TAD 77.A2.127
          4:   TAD 77.A2.138   *5*:   TAD 77.A2.136   *6*:   TAD 77.A2.140
          7:   TAD 77.A2.135   *8*:   TAD 77.A2.137   *9*:   TAD 77.A2.161
          10:   TAD 77.A2.159   *11*:   TAD 77.A2.160   *12*:   TAD 77.A1.147
          13:   TAD 77.A1.146   *14*:   TAD 77.A1.145   *15*:   TAD 77.A1.144
          16:   TAD 77.A1.26   *Echelle 1/2.*

Hellenistic Period (200-150 avant notre ère)[45]. Quant à la coupe à lèvre épaissie[46], proche de l'assiette à poisson dont elle se distingue surtout par l'absence de cupule centrale, elle ne trouve apparemment d'équivalents ni à Antioche ni à Hama, mais elle est dite, à Samarie, "particulièrement abondante" dans le groupe de l'Hellenistic Fort Wall, et elle y est attribuée au 2ème siècle[47].

En fonction du problème, évoqué plus haut, de la date d'apparition des sigillées orientales, on notera donc que la couche Ic fournit concurremment et en grande abondance les plus anciens témoignages certainement non intrusifs d'ESA et un matériel hellénistique appartenant au 2ème siècle, voire à la fin du 3ème. Il nous paraît en conséquence légitime de proposer pour cette couche une datation globale entre la fin du 3ème et la fin du 2ème siècle avant notre ère.

4.6. Couche Ib

L'abondance d'ESA, notée en Ic, ne se dément pas en Ib, où apparaissent quelques types nouveaux. A côté des formes déjà connues, telles que le bol de forme 16/17 toujours dominant, le bol de forme 19[48], ou l'assiette de forme 1 dont la progression quantitative est notable, on remarque des formes 14, 18 et 23 non attestées auparavant, ainsi que de nombreuses formes 20[49] dont seuls de rares tessons, probablement non significatifs, avaient été repérés en Ic. Un très bel exemple de cette forme 20 est constitué par le bol TAD 77.A2.127 (**fig.12:3**), décoré d'un élégant motif de lions en galop volant[50]. Le plus souvent cependant, le décor est banal, fait de coquillages[51] ou d'éléments végétaux[52]. Il ne semble

---

[45] Antioch 4, pp.15-17.

[46] TAD 77.A3.82, 86, 103, 104(*fig.11:1,4*).

[47] Samaria 3, p.264, fig.37: 11-12.

[48] Présentant dans deux cas (TAD 77.A2.110,117. *Fig.12:1-2*) un bord replié vers l'extérieur, particularité non rencontrée dans la couche Ic.

[49] LAPP, P.C.C., p.209, type 158. Hama 3, pp.124-126, cat. pp. 126-159, fig. 48-63. On notera l'absence totale de bols "mégariens".

[50] Motif des lions: Antioch 4, fig.14:5-6. Godrons à bordure perlée: Antioch 4, fig.14:21. Hama 3, fig.54: 76 et 77a surtout ("feuilles de lotus").

[51] Plutôt que "coquilles de moules" (Hama 3, pp.148-150). TAD 77.A2. 121-123(*fig.11:14,15*). Cf.Hama 3, fig.56: 102a, fig.57:104 a-b.

[52] TAD 77.A2.124-126. Antioch 4, fig.15: 25-26. Hama 3, fig.50:38a-b.

pas que l'on puisse en tirer de bien nettes indications chronologiques[53]. Egalement nouvelle, la forme 18, comportant parfois un bord fortement mouluré et perlé à l'intérieur[54], est signalée à Samarie avant 30 av.n.è (Vault Cistern 2. Roman I)[55]. Les formes 14 et 23 se- raient, elles, plutôt caractéristiques du 1er siècle de notre ère[56]. En réalité, la forme 14 existe certainement déjà avant 30 av.n.è (Vault Cistern 2), tandis que la forme 23 n'apparaît à Samarie que vers l'époque d'Auguste (Roman Ia)[57]. Cette dernière est normalement munie de ce que C.F.Johansen nomme "collet de bord", un élément qui se retrouve, au Tell Abou Danné, sur l'un des deux exemplaires de la couche Ib où la chose est obser- vable[58]. On terminera par quelques particularités. TAD 77.A2.136 (**fig.12:5**) représente une forme rare, celle d'une coupe à fond plat, flancs évasés et bord mouluré. On en connaît des parallèles à Antioche et à Hama[59]. Rapportée au "Middle Roman" à Antioche, à la "Middle Imperial Period" à Tarse, elle ferait son apparition à Hama dès la "période im- périale ancienne", ce que semble confirmer la pièce du Tell Abou Danné, puisque le site dut être abandonné dans le courant du 1er siècle de notre ère. TAD 77.A2.140 (**fig.12:6**) constitue sans doute un bord de cratère, type daté à Hama de la fin du 1er siècle avant notre ère ou du début du siècle suivant[60]. TAD 77.A2.161, enfin, (**fig.12:9**) ne semble pas trouver ailleurs de parallèle bien net. Il s'agit d'un récipient ansé dont le col, très concave, s'évase fortement pour former un à plat à bord droit, marqué de deux rainures[61]. Il reste à signaler la découverte dans cette même couche de trois graffiti[62] et de deux estampilles XAPIC et ΔAMA. Ces deux estampilles ne sont pas attestées avant l'époque d'Auguste approximativement. XAPIC, vers cette époque, est l'une des estampilles les plus répandues

---

[53] Hama 3, p.125. Tout au plus peut-on penser que le type du "calice végétal" (TAD 77.A2.124) appartient plutôt au mileu du 1er siècle avant notre ère: LAPP, P.C.C., pp.66-67, d'après le matériel de Tarse.

[54] Exemple: TAD 77.A2.138, *fig.12:4*.

[55] Samaria 3, pp.311, 335, fig.80:15-22. LAPP, P.C.C., p.212, type 251.2b ("75-25 B.C.").

[56] Samaria 3, p.338.

[57] FORME 14: TAD 77.A2.69-70, *fig.11:17-18*. Cf.Hama 3, fig.40:14.2a. LAPP, P.C.C., p.218, type 254. Samaria 3, p.332, fig.79, 14-20. FORME 23: TAD 77.A2.128, 132. LAPP, P.C.C., p.212, type 251.6. Samaria 3, p.338, fig.81: 9 à 16.

[58] TAD 77.A2.129. Hama 3, p.166, 168, fig.64:23.14 sqq.

[59] Antioch 4, p.40, pl.VII:650. Hama 3, pp.193-194, fig.72:D9a-b.

[60] Antioch 4, pl.VI:485. Samaria 3, fig.83:1 et 3. Hama 3, p.194.

[61] Cf.Hama 3, fig.70: 25-26.

[62] TAD 77.A2.35, 39, 159. *Figg.11:13,16 et 12:10*.

1. Tombe sous jarres de la couche Ic dans l'angle NO du quadrant G18B.

2. Pièce carrée dépourvue de portes, dans la maison de la couche IId.

Pl. I

1. L'ensemble du Chantier A vu du NO. Restes de murs, dallages et fours à pain appartiennent à la phase IIc.

2. Détail de la construction d'un mur de pierres dans le quadrant G19B. Un bloc porte une rainure en quart de cercle.

Pl. II

1. TAD 439, figurine-plaquette de femme nue se soutenant les seins
   (Hauteur réelle:4,5 cm).

2. Enfant ailé à l'oie (Eros ou Attis), TAD 360. Hauteur réelle:3,8 cm.

Pl. III

1. TAD 406. Figurine-plaquette de femme nue se
soutenant les seins (Hauteur réelle: 9,5 cm).

PL. IV

2. TAD 601. Figurine-plaquette de femme vêtue
tenant une fleur (Hauteur réelle: 7,8 cm).

1. "Cavalier perse" tenant un enfant dans les bras,
TAD 920 (Hauteur réelle: 7,7 cm).

Pl. V

2. Tête de figurine-plaquette représentant une femme
vêtue, TAD 491 (Hauteur réelle: 4,2 cm).

1-2. Face et profil du "cavalier perse" TAD 684 (Hauteur réelle: 12,1 cm).

PL. VI

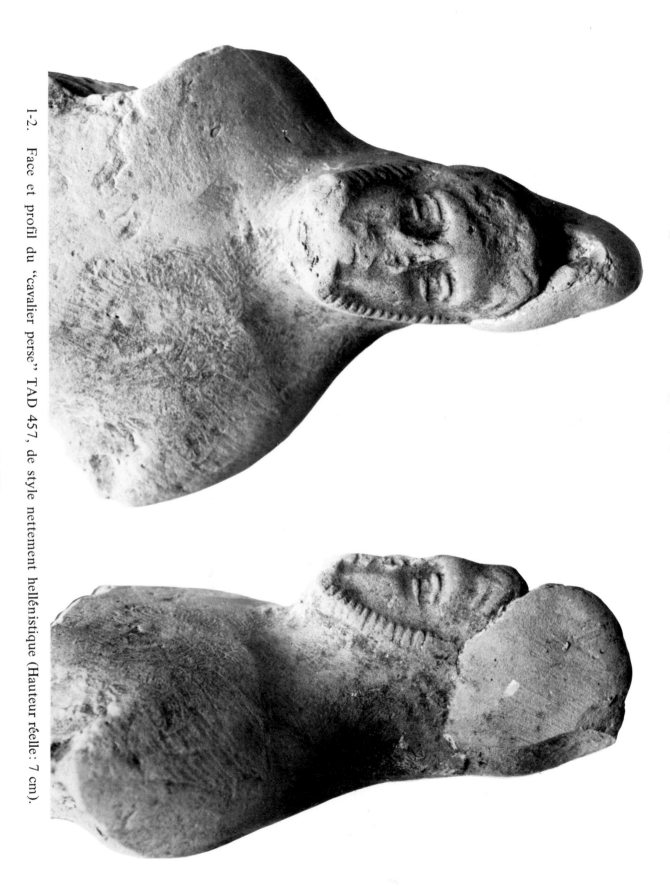

1-2. Face et profil du "cavalier perse" TAD 457, de style nettement hellénistique (Hauteur réelle: 7 cm).

PL. VII

1-2. Face et profil de la tête du "cavalier perse" TAD 485 (Hauteur réelle: 4,8 cm).

Pl. VIII

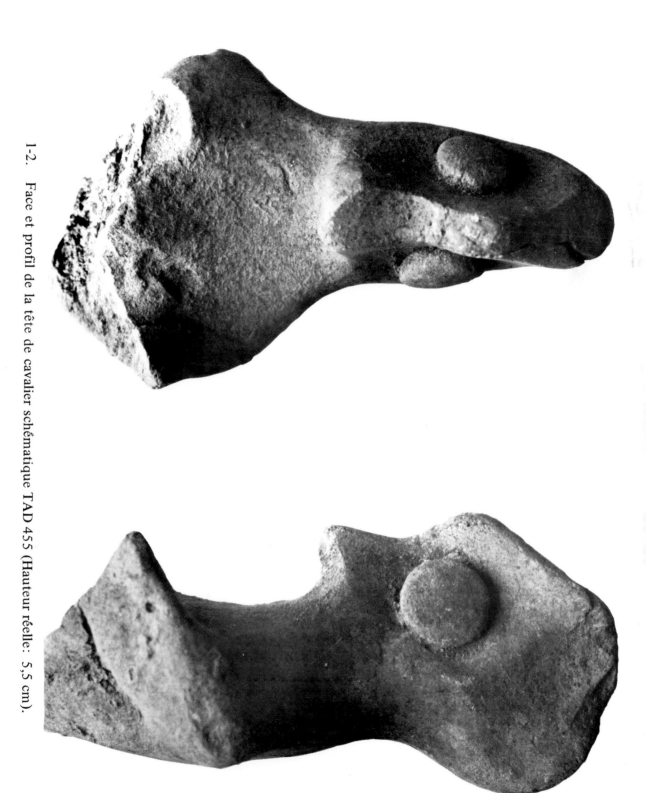

1-2. Face et profil de la tête de cavalier schématique TAD 455 (Hauteur réelle: 5,5 cm).

Pl. IX

1. Figurine réalisée par pastillage TAD 943
(Hauteur réelle: 9,2 cm).

Pl. X

2. Cachet en marbre TAD 367 avec représentations
schématiques du soleil, du disque ailé et de la lune
(Plus grand diamètre: 1,9 cm).

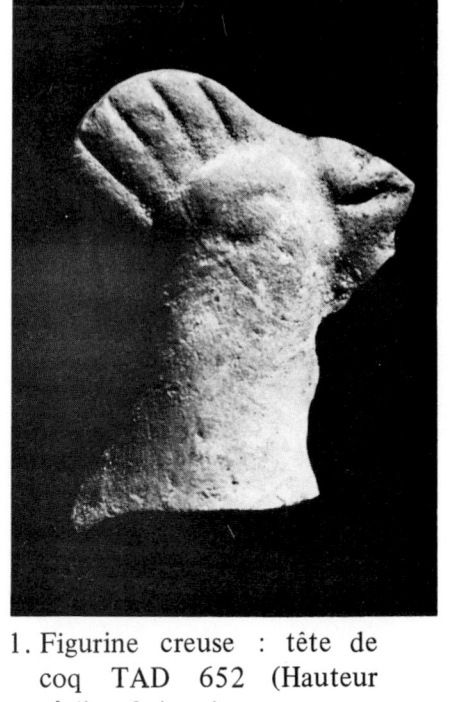

1. Figurine creuse : tête de
   coq TAD 652 (Hauteur
   réelle : 3,4 cm).

2. Figurine creuse : tête de
   bélier TAD 664 (Hauteur
   réelle : 4,5 cm).

3. Figurine creuse : homme
   drapé TAD 322 (Hauteur
   réelle : 4,7 cm).

4. Amulette égyptisante en
   fritte TAD 848 (Hauteur
   réelle : 2,9 cm).

dans l'Est de la Méditerranée[63]. ΔAMA, plus rare, se retrouve sous la forme latine DAMA sur la céramique arrétine du début de l'époque augustéenne[64]. A côté de la sigillée enfin, la céramique fine à vernis noir et ses dérivés tendent à se raréfier. On remarque en particulier deux bords d'assiette à poisson connus à Antioche et qualifiés d'éléments tardifs dans l'ensemble de la céramique de la deuxième moitié de l'Early Hellenistic Period[65]. Le gros du matériel, pour le reste, consiste en bols à bords rentrants, un type dont, on l'a vu, la popularité est surtout attestée au 2ème siècle avant notre ère. Nous proposerons pour la couche IIb un intervalle compris entre la fin du 2ème siècle et la seconde moitié du 1er siècle avant notre ère.

4.7. Couche Ia

La couche Ia voit l'apparition de formes d'un grand intérêt chronologique, les formes 12 et 13. Nous avons six exemples de forme 12, tous caractérisés par une lèvre fortement moulurée, formant parfois boule[66]. D'après les trouvailles de Samarie et de Hama, cette forme appartiendrait à la phase finale de la production de l'ESA, les assiettes aux flancs décorés à la molette étant même attribuées, à Samarie, aux 2ème et 3ème siècles de notre ère[67]. Même si cette date paraît excessivement basse, ainsi que le suggèrent les matériels retrouvés à Antioche et Hama, la forme 12 ne doit pas, toutefois, apparaître avant l'époque augustéenne, et son association avec la forme 23 est bien nette[68]. La présence de la forme 13 fournit un autre élément intéressant. Cette assiette, en effet, dont le "trait caractéristique est la moulure en cavet qui marque le passage entre le fond et le côté", appartient clairement à la période s'étendant du dernier quart du 1er siècle avant notre ère au premier quart du siècle suivant[69]. Par ailleurs, la forme 24, qui est fréquente à Tarse, Hama et Samarie, n'est jusqu'à présent représentée au Tell Abou Danné que par un unique exemplaire. Or cette forme est, d'après P.W. Lapp, une des rares qu'il soit possible de limiter au seul 1er

---

[63] TAD 77.A2.160. *Fig.12:11*. Hama 3, fig.42: 14.18, 14.20 etc... Antioch 4, figg.19-21 (not.fig.19:2099). J.H.ILIFFE, Sigillata Wares in the Near East, *QDAP* 6 (1936) pp.50-53. J.H.ILIFFE, Sigillata Wares in the Near East II. More Potters' Stamps, *QDAP* 9(1942) p.72. H.COMFORT, Supplementary Sigillata Signatures in the Near East, *JAOS* 58 (1938) pp.45-46.

[64] TAD 77.A2.159. *Fig.12:10*. Hama 3, fig.42. Antioch 4, *loc.cit*. J.H.ILIFFE, *QDAP* 6(1936) p.31 et *QDAP* 9(1942) p.45. H.COMFORT, *JAOS* 58(1938) p.39.

[65] TAD 77.A2.135 et 137. *Fig.12:7-8*. Antioch 4, pp.12, 15, pl.II:17u.

[66] TAD 77.A1.43-48. *Fig.13:6,8*. Samaria 3, pp.310, 331, fig.79:8-12.

[67] Samaria 3, *loc.cit*. Hama 3, p.92.

[68] Antioch 4, p.33, pl.IV:405. Hama 3, p.92, figg.37-38.

[69] TAD 77.A1.1 et 49. *Fig.13:1,5*. Hama 3, p.95, fig.39:13.9a et 13.12a. Samaria 3, pp.310, 331. Cf.aussi LAPP, P.C.C., type 253,I,L,M :"A.D. 0-50" (" 'Alâiq probably early first century A.D.").

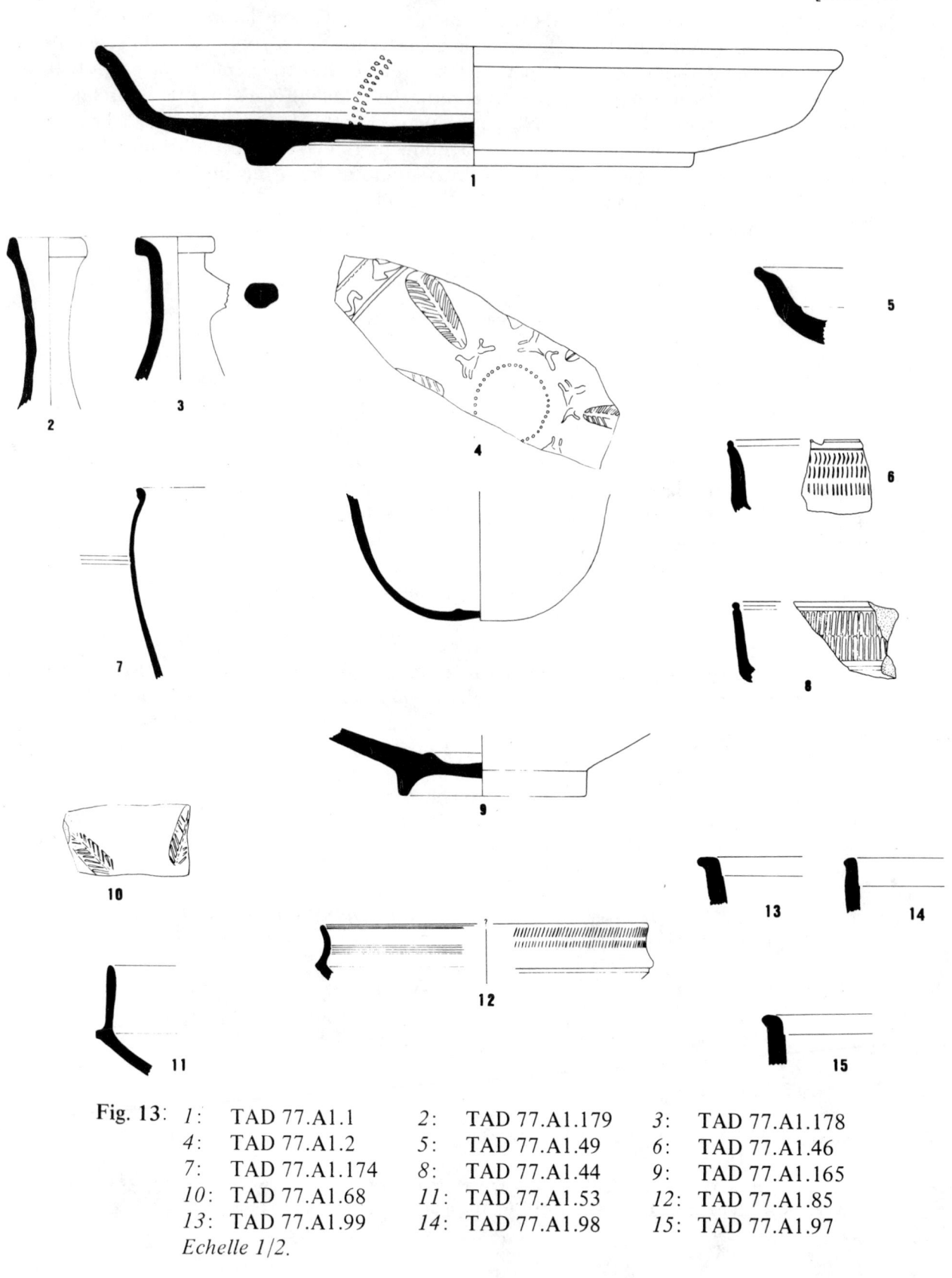

Fig. 13: *1*:   TAD 77.A1.1   *2*:   TAD 77.A1.179   *3*:   TAD 77.A1.178
          4:   TAD 77.A1.2   *5*:   TAD 77.A1.49   *6*:   TAD 77.A1.46
          7:   TAD 77.A1.174   *8*:   TAD 77.A1.44   *9*:   TAD 77.A1.165
          10: TAD 77.A1.68   *11*: TAD 77.A1.53   *12*: TAD 77.A1.85
          13: TAD 77.A1.99   *14*: TAD 77.A1.98   *15*: TAD 77.A1.97
          Echelle 1/2.

siècle de notre ère[70]. A côté de ces nouveautés, les formes 14 et 23 sont à présent bien établies[71]. La première de ces formes se manifeste toujours, pour autant qu'on puisse l'observer, sous la variante 14a, datée également du 1er siècle de notre ère (Roman Ia de Samarie[72]). En ce qui concerne la forme 23, beaucoup plus abondante en Ia qu'en Ib, on a vu que, d'après les trouvailles de Samarie, elle ne semblait pas apparaître avant l'époque d'Auguste[73]. Parmi les formes mieux représentées qu'auparavant, on note surtout la progression de la forme 20, représentée par les bols à motifs végétaux et coquillages[74], et par un exemplaire plus rare, décoré de centaures galopants (TAD 77.A1.2. **Fig.13:4**). Les formes 1 et 16 tendent à devenir plus exceptionnelles, surtout la forme 1, et l'on ne rencontre plus les bords à lèvre moulurée caractérisant la forme 17[75]. On signalera encore deux graffiti[76] et trois estampilles (deux XAPIC et un KEPΔOC). XAPIC, estampille déjà signalée en Ib, se rencontre fréquemment à l'époque d'Auguste[77]. Il en va de même de KEPΔOC[78]. Enfin, pour terminer la description de la sigillée, il convient de mentionner la découverte de deux fonds d'assiettes avec palmettes. Ces palmettes, caractéristiques du 1er siècle avant notre ère, disparaissent durant l'époque augustéenne[79]. On les rencontre toujours groupées par cinq et distribuées entre deux séries de cercles concentriques. D'autres

---

[70] TAD 77.A1.53. *Fig.13:11*. LAPP, P.C.C., p.68. Hama 3, p.172.

[71] A noter, pour la forme 14, le groupe TAD 77.A1.54, 97, 98, 99 *Fig.13:13-15*) à rapprocher de Hama 3, fig.40:14d.

[72] Samaria 3, pp.289-290, 307, 310. Hama 3, pp.99-100.

[73] Samaria 3, pp.311, 338. Hama 3, pp.168-170. On remarque particulièrement TAD 77.A1.83 et 85 (*Fig.13:12*), à rapprocher du type Lapp 251.6, daté "20 B.C.-A.D.20" (P.C.C., p.212. Samaria 3, fig.68.8) et TAD 77.A1.81 et 88, avec leur carène basse, plus caractéristique des sites syriens (Samaria 3, p.338).

[74] Motifs végétaux: TAD 77.A1.68, 75 (*Fig.13:10*), cf.Antioch 4, fig.13:19 et Hama 3, fig.48:11. Coquillages: TAD 77.A1.67-69, cf.Antioch 4, fig.16:34-35 et Hama 3, figg.56:98b et 57:109.

[75] LAPP (P.C.C., p.211) date la forme 16 (type 251.2) de "75 B.C.–A.D.20" et la forme 17 (type 251.2a) de "75-25 B.C.".

[76] TAD 77.A1.26, 144. *Fig.12:15-16*.

[77] TAD 77.A1.145-146. *Fig.12:13-14*. *Supra*, p.30.

[78] TAD 77.A1.147. *Fig.12:12*. J.H.ILIFFE, *QDAP* 6(1936) pp.37-38 et *QDAP* 9(1942) pp.52-53. H. COMFORT, *JAOS* 58 (1938) p.42. Cf.R.TEFNIN, Deux campagnes de fouilles au Tell Abou Danné, dans *Le Moyen Euphrate. Actes du Colloque de Strasbourg 1977* (1980), fig. 5.

[79] TAD 77.A1.19, 23 (Cf.en Ib: TAD 77.A2.44,46 et 48). Samaria 3, pp.316-324, figg.74-75. LAPP, P.C.C., pp.68-69. Hama 3, pp.65-66, fig.29.

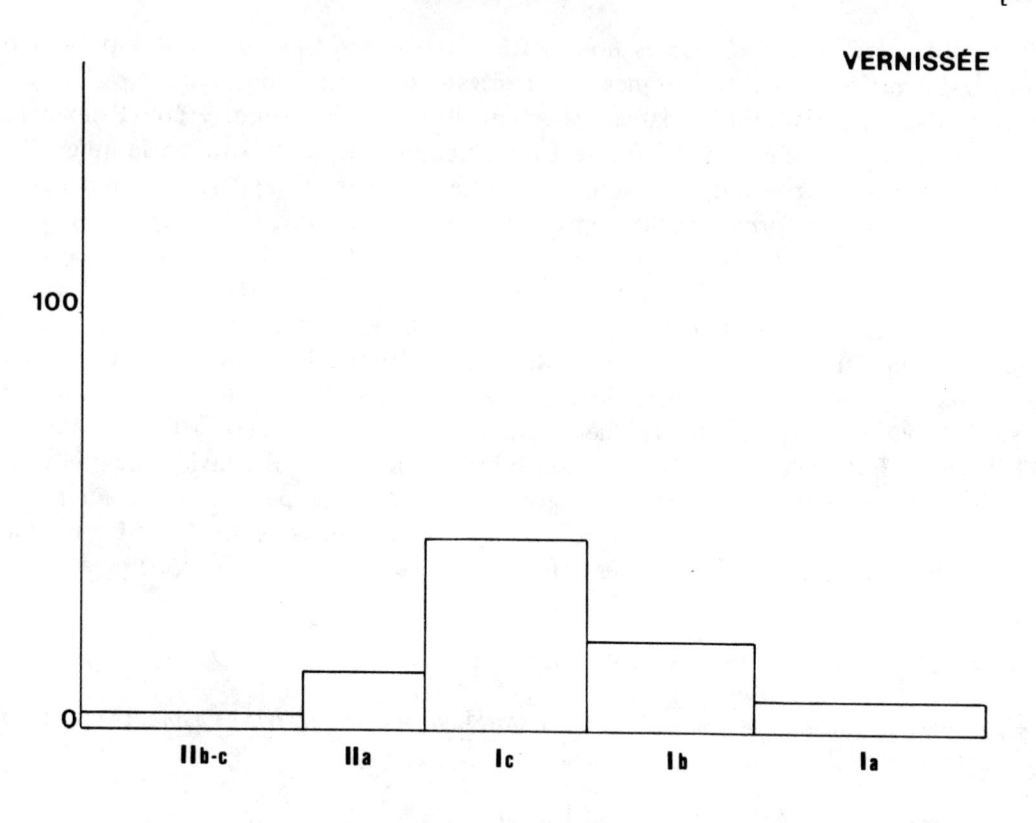

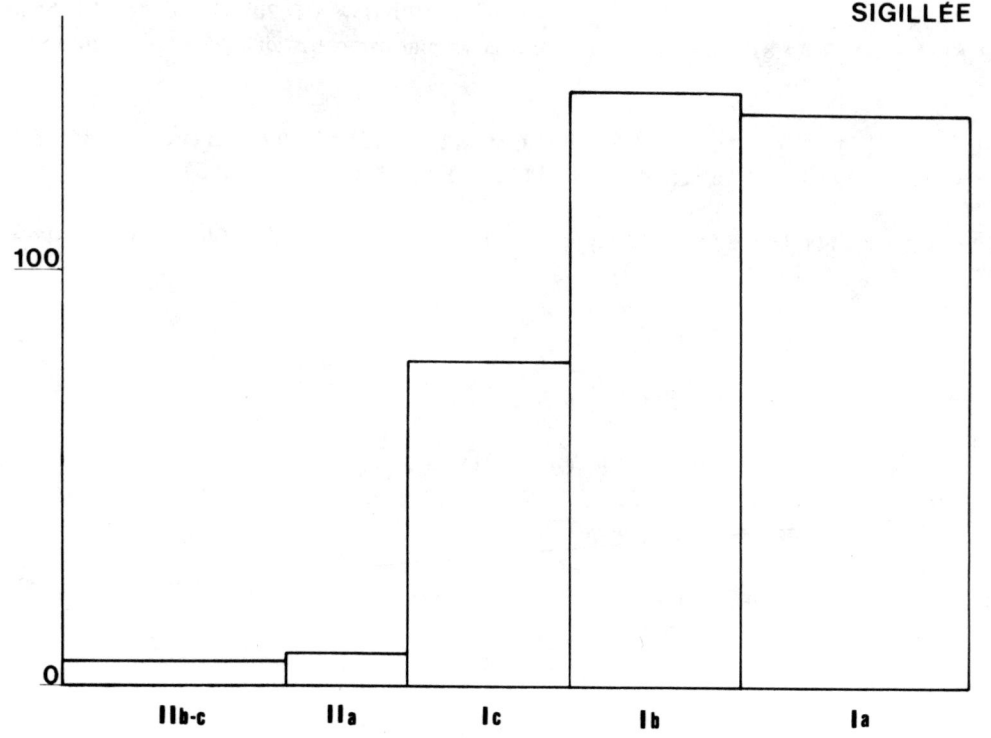

Fig. 14: Fréquence relative des céramiques sigillées et vernissées à travers les niveaux I et II.

fonds présentent à l'intérieur un "stepped floor", un ressaut, pour lequel n'existe aucun parallèle dans l'important dépôt 17-0 d'Antioche, daté, selon P.W.Lapp, du dernier quart du 1er siècle avant notre ère[80]. La variante pourrait de ce fait être postérieure à la constitution de ce dépôt.

La céramique "hellénistique", très pauvrement représentée en Ia, doit avoir remonté accidentellement. On note quelques bols à bord rentrant, un plat à poisson (**fig. 13:9**)[81], quelques unguentaria (**fig. 13:2-3**)[82], et de rares tessons de "brittle ware" (**fig. 13:7**)[83].

Compte tenu de ces différents éléments, dont il convient de souligner la cohérence, la couche Ia peut être très vraisemblablement située entre le dernier quart du 1er siècle avant notre ère et la première moitié du siècle suivant.

4.8. Conclusions de l'analyse chronologique des céramiques.

NIVEAU	DATES PROPOSÉES	ÉPOQUE
Ia	25 av.n.è. à 50 de n.è.	romaine
Ib	100 à 25 av.n.è.	hellénistique
Ic	200/150 à 100 av.n.è.	hellénistique
IIa	350 à 200/150 av.n.è.	Fer III
IIb	hiatus ? réduction de l'habitat?	Fer III
IIc	500 à 400 av.n.è.	Fer III
IId	650 à 500 av.n.è.	fin Fer II

---

[80] Antioch 4, pp.27-28. LAPP, P.C.C., p.92. Samaria 3, p.287.

[81] TAD 77.A1.165. Antioch 4, pl.I, 17k. Samaria 3, p.221, fig.37:6.

[82] Forme qui disparaît au cours de la deuxième moitié du 1er siècle de notre ère. TAD 77.A1.151,178-180. Cf.H.S.ROBINSON, The Athenian Agora V. Pottery of the Roman Period, Chronology (Princeton, 1959) p.15.

[83] TAD 77.A1.150, 174-175.

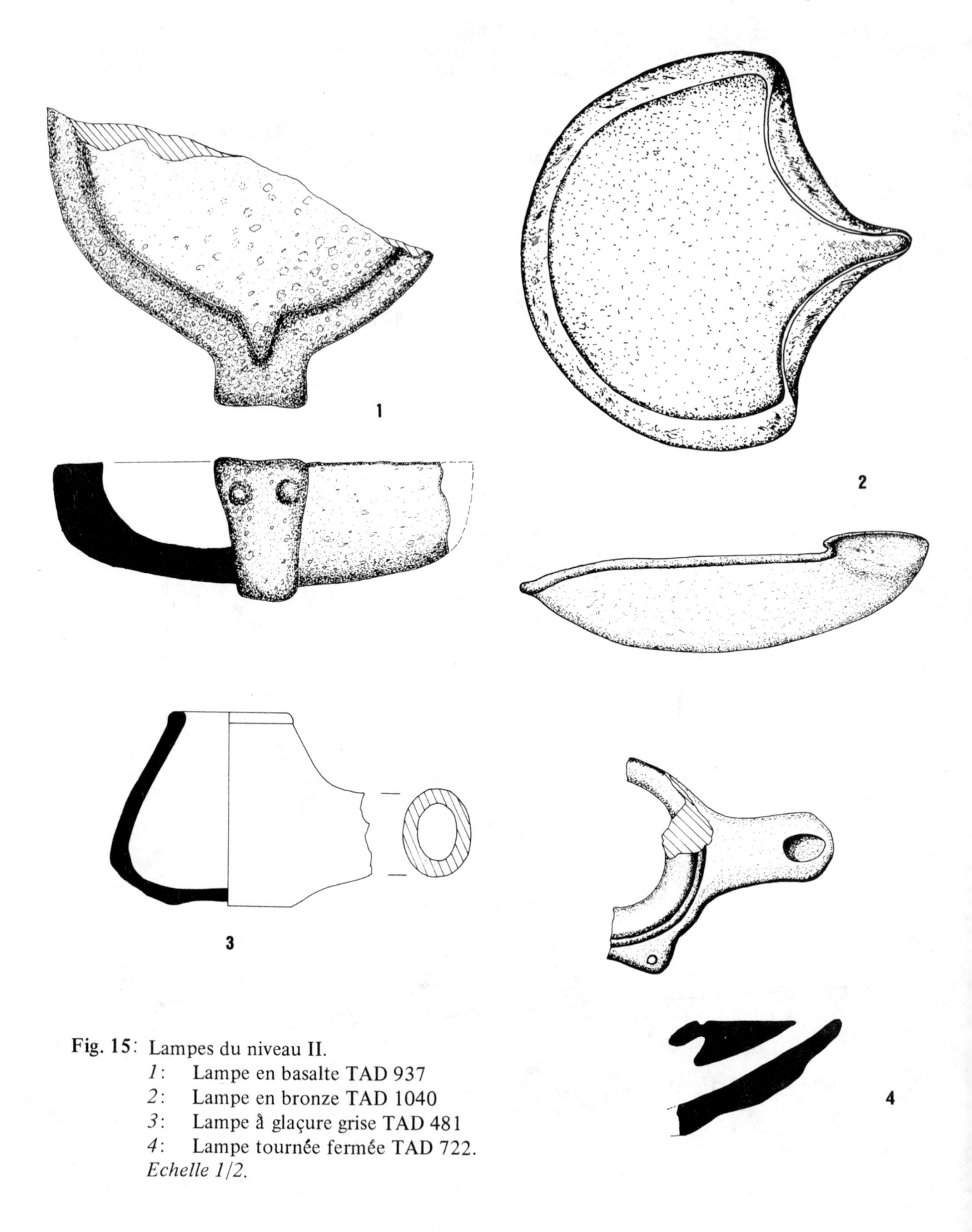

Fig. 15: Lampes du niveau II.
     1:   Lampe en basalte TAD 937
     2:   Lampe en bronze TAD 1040
     3:   Lampe à glaçure grise TAD 481
     4:   Lampe tournée fermée TAD 722.
     Echelle 1/2.

5. Les lampes.

5.1. Niveau II.

Des quelque cinquante lampes entières ou fragmentaires retrouvées en 1977 et 1978 dans le Chantier A, la très grande majorité (80% environ) provient du niveau I et consiste en lampes moulées de type hellénistique tardif. Du niveau II, par contre, ne proviennent que de très rares fragments de lampes moulées (**fig. 18**) et on y a découvert un matériel plus disparate, constitué par trois lampes tournées à vernis noir, une lampe tournée à glaçure grise, trois lampes en basalte et une lampe pincée en bronze.

La mieux conservée des lampes tournées à vernis noir (TAD 722. **Fig.15:4**) fut trouvée dans le quadrant H18D, au pied d'un mur (cote 376) de la maison appartenant à la phase IIc. Munie d'un poucier perforé, elle est d'un type très largement attesté, que l'on date généralement entre 350 et 275 avant notre ère, en admettant toutefois que son origine peut remonter au 5ème siècle[84]. Deux becs de lampes certainement semblables, recouverts du même vernis noir brillant, proviennent par ailleurs de G18B, d'une fosse dont le niveau d'affleurement se situe aux environs de 375,8, soit à la limite des phases IIc et IId (TAD 945-946). Un bec de même type avait déjà été récolté en 1975, au niveau II du Sondage I[85].

A la phase IIa (quadrant G18D; 377,45), appartient une lampe également tournée, mais d'un modèle cette fois oriental. Il s'agit d'une grande lampe à réservoir caréné et large ouverture, recouverte d'une glaçure grise très brillante (TAD 481. **Fig.15:3**). Un long bec recourbé vers le haut s'attachait à la partie inférieure, mais il a été brisé, et le noircissement de la cassure indique que l'objet fut utilisé tel quel. Ce type de lampe, originaire de Mésopotamie, semble exceptionnel à l'Ouest de l'Euphrate[86]. C'est le type 63 des céramiques de Nippur, dont les représentants ont été trouvés, sur ce site, dans des niveaux néobabyloniens,

---

[84] O.BRONEER, Corinth IV,2. Terracotta Lamps (Cambridge, 1930) type VII, pp.45-46. ID., Isthmia III. Terracotta Lamps (Princeton, 1977), type VII, D,E,F, n°s126-128, 133, 138-139. Th.OZIOL, Salamine de Chypre VII. Les lampes du Musée de Chypre (Paris, 1977) n°s 47-100, pl/1.5-7, particulièrement n° 59, p.39, pll.5,55. R.H.HOWLAND, The Athenian Agora IV. Greek Lamps and their Survivals (Princeton, 1958) type 25B, cf.pl.38, 301-313. F.O.WAAGÉ, Antioch 3 (Princeton, 1941) type 1b2, fig.74, p.74. Cf.R.STUCKY, Rapport préliminaire sur la XXXIIème campagne de fouilles à Ras Shamra, dans *Syria* 49 (1972) p.9, fig.7.

[85] TAD 25. R.TEFNIN, *op.cit.,* fig.2.

[86] Aucune lampe de ce type n'a été découverte à Neirab, dont le matériel présente par ailleurs les plus nettes affinités avec celui du Tell Abou Danné, antérieurement à l'introduction de la sigillée en tout cas.

achéménides et séleucides[87]. M.E.L.Mallowan date de l'époque achéménide une lampe semblable, quoique à carène plus basse, découverte à Nimrud[88], et plusieurs exemplaires de Tell Halaf sont datés par B.Hrouda de l'époque hellénistique[89]. C'est le début de cette époque également, ou l'extrême fin de l'époque achéménide, que tend à indiquer la position stratigraphique de l'objet, au Tell Abou Danné.

Les lampes de basalte (TAD 618, 866, 937. **Fig.15:1**) présentent également beaucoup d'intérêt. Elles doivent être nettement distinguées des nombreux autres récipients de même matière, pour le bec à gouttière dont elles sont munies, et qui porte des traces localisées de noir de fumée. Malgré de minimes variations de dimensions, les trois lampes retrouvées présentent un type identique. Il s'agit de coupelles circulaires, d'un diamètre de 10 à 14 cm. Leur fond est légèrement bombé et de leur bord se détache une protubérance vaguement quadrangulaire qui évoque une tête de taureau très stylisée, comparable à celles que présentent nombre de récipients syriens taillés dans le même matériau[90]. Dans le cas de ces lampes, la protubérance forme bec et reçoit la gouttière porte-mèche[91]. Deux des objets du Tell Abou Danné appartiennent à la phase IId (TAD 866 et 937), le troisième a été retrouvé en IIa (TAD 618).

Il reste à citer enfin une lampe conçue selon le modèle des lampes tournées ouvertes à bec pincé[92], mais exécutée en bronze, par martelage et pliage d'une feuille de métal (**fig.15:2**). Elle fut trouvée à la cote 375,55, presque à la base donc de la couche IId (TAD 1040).

5.2. Niveau I

La quarantaine de lampes retrouvée dans ce niveau se répartit en deux séries dominantes, fortes chacune d'une douzaine de pièces, le reste étant constitué surtout de pièces mutilées

---

[87] D.E.McCOWN-R.C.HAINES, Nippur I (Chicago, 1967, OIP LXXVIII) pl.102: 18-19; D.E.McCOWN-R.C.HAINES-R.D.BIGGS, Nippur II (Chicago, 1978, OIP XCVII) p.45, pl.52:4-5.

[88] Nimrud and its Remains, I (Londres, 1966) pp.298-299, n°278 ("6ème-5ème siècles").

[89] Dans B. HROUDA, Tell Halaf IV (Berlin, 1962) pl. 46:7-9.

[90] Par exemple *ibidem,* pl.53:131-134.

[91] Un objet fort analogue, catalogué comme "coupe", a été retrouvé à Tell Halaf. Le "bec" y est bien visible. On ignore s'il portait des traces de noir de fumée *:ibidem,* n°121, pl.53.

[92] Un exemplaire en argile a été trouvé au Tell Abou Danné dans la couche IIb: TAD 965.

et peu identifiables. La première série[93] représente le type des lampes dites "d'Ephèse", et plus particulièrement la variété à engobe rouge caractéristique de la production d'Antioche, durant l'époque hellénistique tardive et le début de l'époque romaine (figg. 16:1,3-6 et 17:3-4). On les date habituellement de la fin du 2ème et du 1er siècles avant notre ère[94], ce qui correspond fort exactement à leur situation stratigraphique au Tell Abou Danné et confirme globalement la datation proposée pour le niveau I, sur base de la céramique. Il est à noter par ailleurs que cette production antiochéenne a connu une large diffusion dans toute la Syrie du Nord et de l'Est, comme l'attestent, entre autres, les trouvailles d'objets de ce type à Ras Ibn Hani, Oumm el-Marra, Tell el-Hajj ou Doura Europos[95]. Aucun exemple n'est connu à Neirab, où l'on n'a pas non plus, d'ailleurs, retrouvé de céramique sigillée.

La seconde série[96], répartie comme la première à travers tout le niveau I, appartient au type général des lampes dites "delphiniformes", quoique la présence d'un tenon en forme de dauphin ne soit nullement un critère obligatoire. Les exemples retrouvés au Tell Abou Danné ne présentent jamais, quant à eux, ce tenon delphiniforme. Toutefois, le corps à profil biconvexe dépourvu d'anses, le décor de godrons, d'épis ou de côtes striées rayonnant autour de l'orifice de remplissage, le décor de rosace ou d'étoile ornant le fond, et la présence fréquente d'un motif figuré sur le haut du bec (canthare: TAD 700, **fig.17:2**. Grillon: TAD 344, 493) assurent l'appartenance de ces lampes au type "delphiniforme" et même, sauf une exception[97], à la variété recouverte de l'engobe rouge brunâtre caractéristique

---

[93] TAD 262 (*fig.17:3*), 263 (*fig.17:4*), 270, 291, 342, 433, 567 (*fig.16:5*), 665 (*fig.16:1*), 676, 682, 683, 699, 726 (*fig.16:6*).

[94] F.MILTNER, Lampen, dans *Forschungen in Ephesos* IV (Vienne, 1937) p.95. Ph.BRUNEAU, Exploration archéologique de Délos XXVI. Les lampes (Paris, 1965) groupe VI, n°3030, pl.18, p.53. H.GOLDMAN, Tarsus I (Princeton, 1950) types VI et IX, pp.89-92. F.O.WAAGÉ, Antioch I (Princeton, 1934) type II, p.59, pl.VII et Antioch III (Princeton, 1941) types 24 et 25, p.62. Th.OZIOL, *op.cit.*, pp.60-63.

[95] A.BOUNNI, E. et J.LAGARCE, N.SALIBY, Rapport préliminaire sur la deuxième campagne de fouilles (1976) à Ibn Hani, dans *Syria* 55 (1978) fig.38,1 et p.287. R.TEFNIN, Exploration archéologique au Nord du lac de Djabboul, dans *AIPHO*, 23 (1979), OM inv.51. Ph.BRIDEL, Cl.KRAUSE, H.SPYCHER, R.STUCKY, P.SUTER, S.ZELLWEGER, Tell el Hajj in Syrien. Zweiter Vorläüfiger Bericht. Grabungskampagne 1972 (Berne, 1974), p. 53, pl. 10a. P.V.C. BAUR, The Excavations at Dura-Europos, Final Report III. The Lamps (New Haven, 1947) type III, p. 8. Cf. aussi F. THUREAU-DANGIN et M. DUNAND, Til Barsib. Album (Paris, 1936) pl. XVI, 18.

[96] TAD 266, 317 (*fig.16:2*), 318 (*fig.17:1*), 319, 320, 344, 347, 354, 421, 479, 493, 700 (*fig.17:2*), 727 (*fig.16:3*).

[97] TAD 421: terre grise, engobe noirâtre mat.

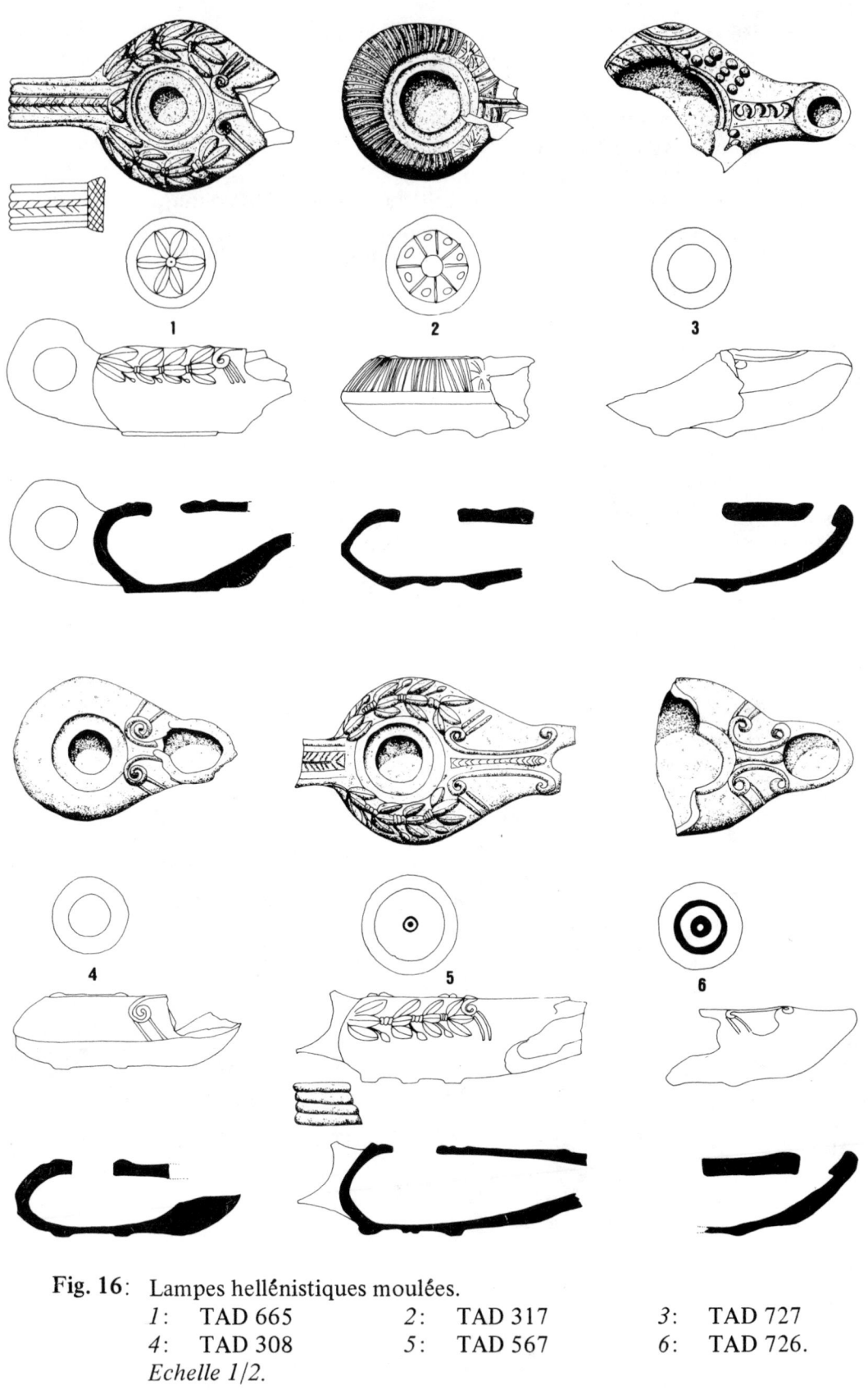

Fig. 16: Lampes hellénistiques moulées.
  1: TAD 665   2: TAD 317   3: TAD 727
  4: TAD 308   5: TAD 567   6: TAD 726.
  Echelle 1/2.

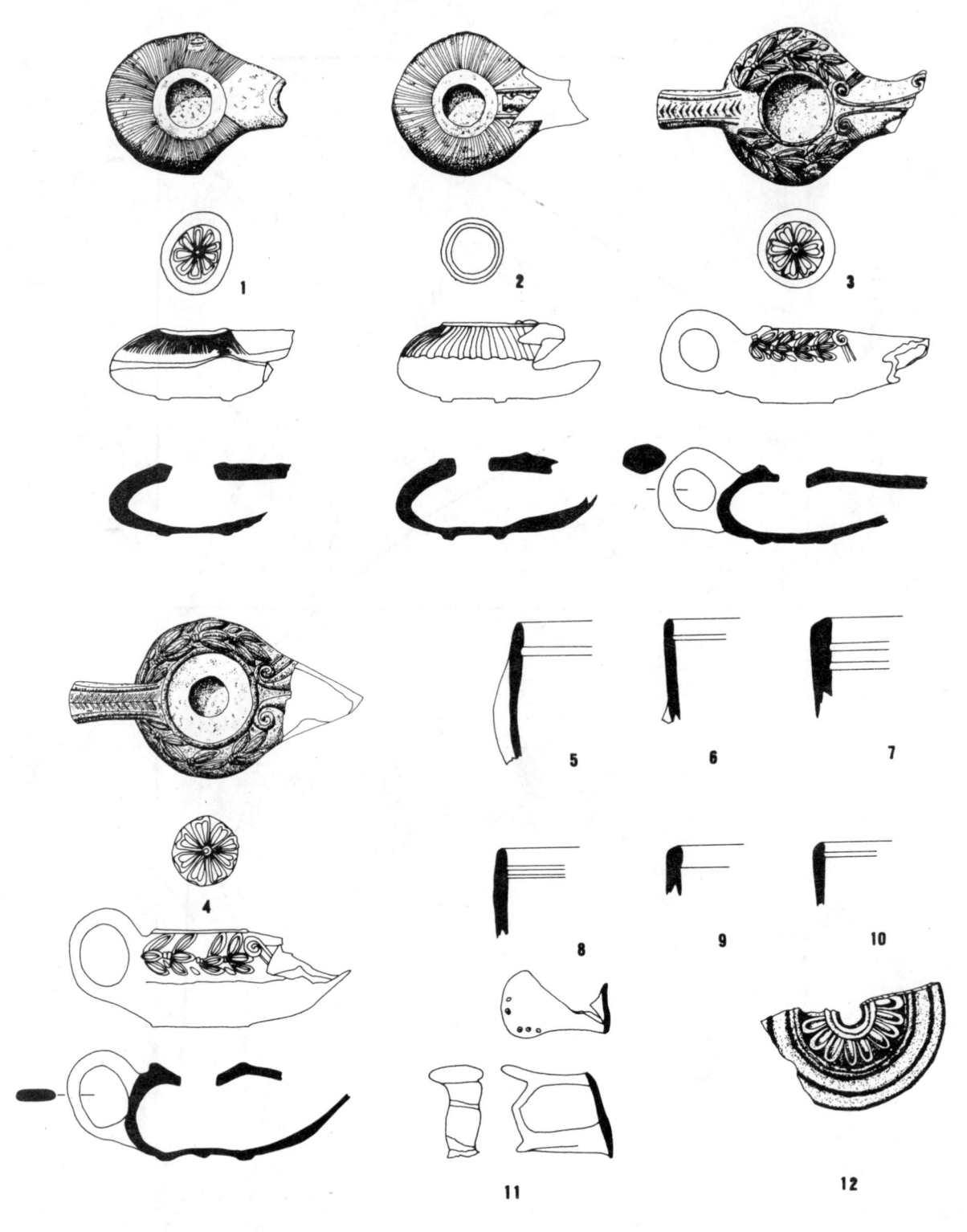

Fig. 17:   *1 à 4*: Lampes hellénistiques moulées.
        (*1*: TAD 318; *2*: TAD 700; *3*: TAD 262; *4*: TAD 263).
        5 à 11: Verre
        (*5-6*: TAD 287, 1-2.   *7-10*: TAD 288,1,2,4,6.   *11*: TAD 329).
        12: Fragment de lampe d'époque impériale TAD 579.   *Echelle 1/2.*

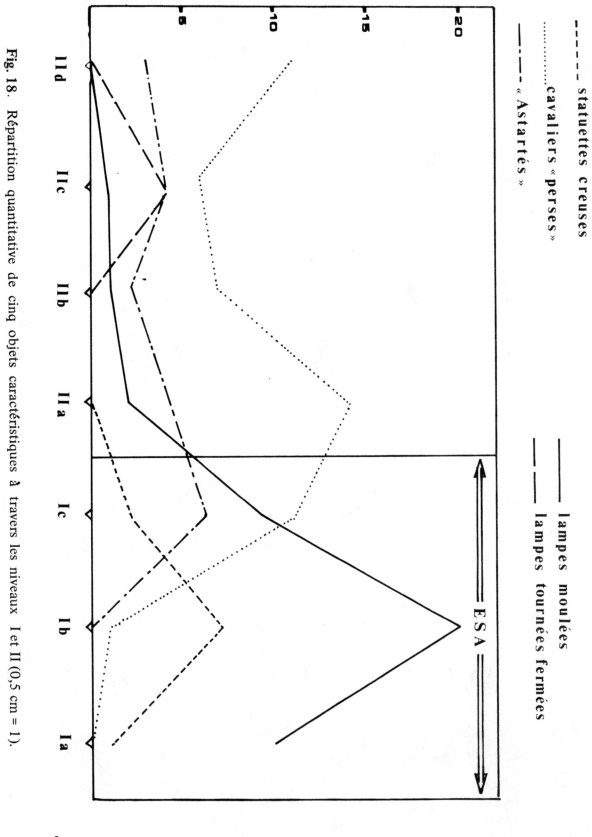

----- statuettes creuses

.... cavaliers «perses»

—·—· « Astartés »

——— lampes moulées

——— lampes tournées fermées

Fig. 18. Répartition quantitative de cinq objets caractéristiques à travers les niveaux I et II (0,5 cm = 1).

d'Antioche[98]. La situation stratigraphique de ce groupe, absolument semblable à celle des lampes "d'Ephèse", paraît confirmer entièrement l'opinion de Ph.Bruneau sur la contemporanéité de ces lampes avec les autres lampes hellénistiques moulées à décor. Toutefois, la période que propose Ph.Bruneau pour la vogue des lampes moulées (2ème moitié du 2ème siècle- début du 1er siècle avant notre ère)[99], pourrait être étendue, à Abou Danné, jusqu'aux environs de 200 avant notre ère[100], ce qui rejoindrait d'ailleurs les propositions de F.O.Waagé pour Antioche et de H.Goldman pour Tarse[101].

5.3. Conclusions de l'analyse des lampes.

L'étude des lampes du Tell Abou Danné confirme très nettement l'opposition déjà mise en lumière par l'étude de la céramique entre niveau I et niveau II. En effet, il paraît significatif, même s'il s'agit d'arguments *a silentio*, qu'aucun fragment de lampe vernissée noire ou aucun fragment de lampe en basalte n'aient jamais été retrouvés en-dehors du niveau II, tandis que toutes les lampes moulées appartenant aux types hellénistiques tardifs et romains anciens étaient—sauf rares fragments—contenues dans le niveau I. Il est par ailleurs remarquable que ce clivage corresponde également à la répartition des céramiques de tradition étrangère, puisque la diffusion des lampes moulées hellénistiques correspond pour nous, entièrement, à la diffusion massive des sigillées anciennes (**fig. 18**).

6. Les figurines.

Les niveaux I et II du Tell Abou Danné ont livré environ 70 figurines en terre cuite. Ces figurines, fabriquées selon diverses techniques, appartiennent à plusieurs types bien distincts et sont en outre largement réparties à travers toutes les couches stratigraphiques. Deux techniques, malgré certaines variantes, s'opposent fondamentalement: la technique des figurines creuses et celle des figurines pleines.

---

[98] Th.OZIOL, *op.cit.*,p.53. F.O.WAAGÉ, Antioch I (Princeton, 1934) pp.58-59, type I et Antioch 3 (Princeton, 1941), types 13 à 15, pp.56,59-60 (pour TAD 344 et 493, voir 13d:43). H.GOLDMAN, *op.cit.*, type IV, pp.88-89. Cf.Ph.BRUNEAU, *op.cit.*, pp.81-86, et J.P.THALMANN, *op.cit.*, pp.66-67.

[99] *Op.cit.*, p.83.

[100] Cf. *supra*, p. 29.

[101] F.O.WAAGÉ, *loc.cit.* (première moitié du 2ème siècle avant notre ère). H.GOLDMAN, *loc.cit.* (fin du 3ème siècle avant notre ère).

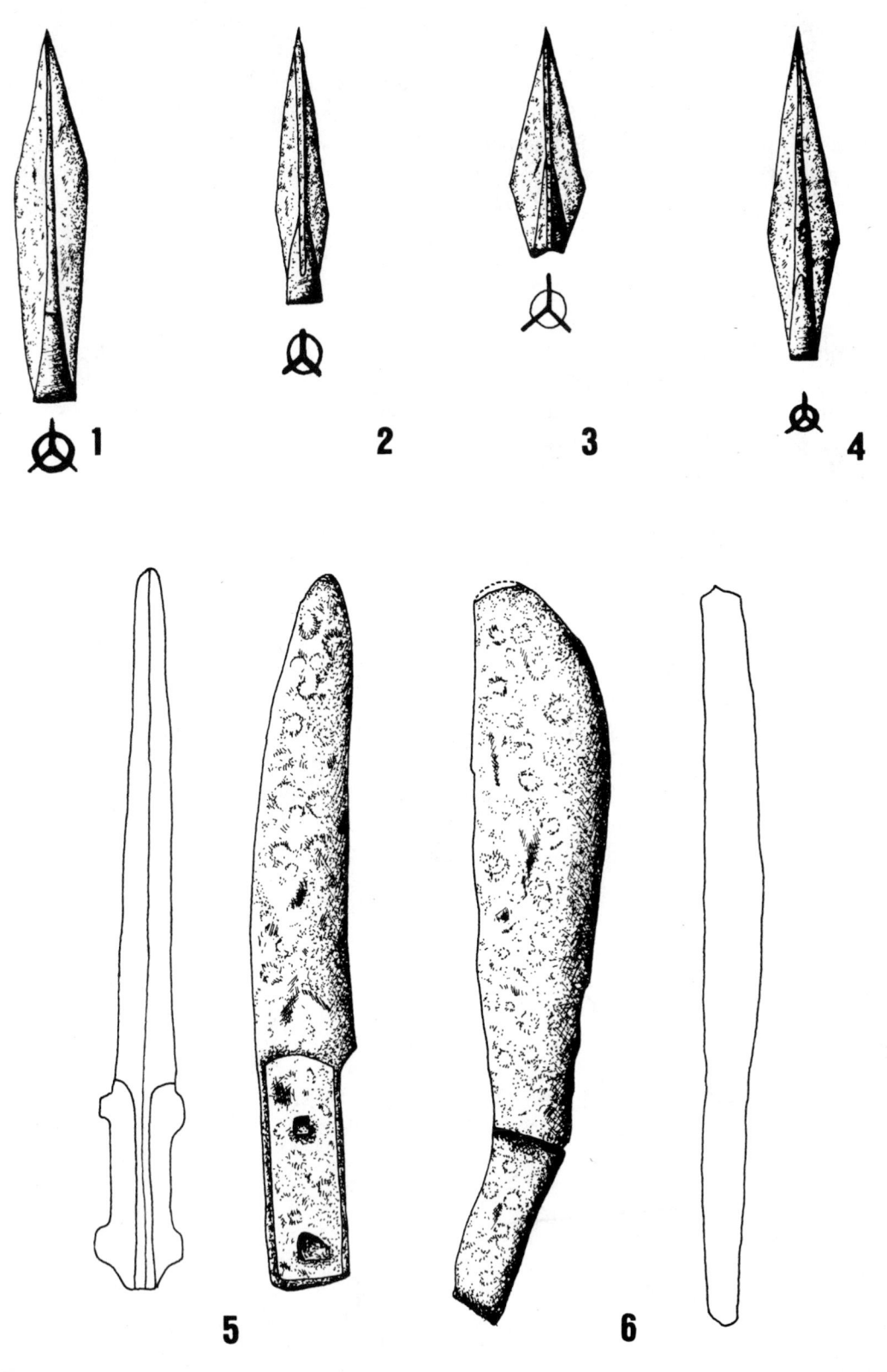

Fig. 19: *1 à 4*: Pointes de flèches
      (*1*: TAD 561; *2*: TAD 369; *3*: TAD 413; *4*: TAD 562).
      5-6: Couteaux en fer
      (*5*:   TAD 556   *6*:   TAD 597).   *Echelle 1/1*.

6.1. Les figurines creuses.

Les figurines creuses, façonnées au moule bivalve, représentent environ 13% du total des figurines retrouvées durant les campagnes 1977 et 1978. Réparties entre les couches Ia, Ib et Ic, elles appartiennent de ce fait exclusivement au niveau le plus récent du site. Les sujets figurés relèvent du répertoire bien connu de la coroplastique gréco-romaine, qu'il s'agisse du coq (TAD 306, 652, **pl.XI,1**), du bélier (TAD 664, **pl.XI,2**), du cheval (TAD 647), du personnage drapé (TAD 322 [**pl.XI,3**], 370, 436 et peut-être 574) ou de l'Eros (Attis?) ailé tenant une oie (TAD 360, **pl.III,2**)[102]. On remarquera que niveau I et niveau II s'opposent à nouveau bien nettement par la présence/absence d'une catégorie déterminée d'objets (**fig. 18**).

6.2. Les figurines pleines.

A la différence du groupe des figurines creuses, uniforme par la technique et la position stratigraphique, le groupe des figurines pleines comprend des objets de facture diverse, répartis à travers l'épaisseur des deux niveaux étudiés. On peut distinguer, en fonction de la technique, trois sous-groupes, comprenant respectivement les figurines moulées, les figurines modelées, et les figurines modelées *et* moulées.

Le sous-groupe des figurines moulées (11 pièces, soit 16% du total des figurines) comprend lui-même deux séries thématiquement distinctes. Six pièces représentent en effet une femme nue et parée offrant ses seins (TAD 359, 406, 439, 445, 446, 490, **pl.III,1; IV,1**), tandis que cinq autres montrent une femme vêtue d'une longue robe plissée, et serrant une fleur contre sa poitrine (TAD 405, 447, 491, 601, 602, **pll.IV,2; V,2**).

La distinction entre figurines modelées simples et figurines modelées *et* moulées étant impossible pour les pièces acéphales, un comptage distinct n'aurait pas de sens. Ces deux séries réunies constituent en tout cas la très grande majorité (71%) des pièces retrouvées. Toutes les pièces modelées *et* moulées, et la plupart des fragments, représentent des chevaux ou des cavaliers, appartenant au type bien connu des "cavaliers perses", caractérisé par une extrême stylisation du cheval, dont la tête paraît sortir de la poitrine du cavalier, et par la netteté et le réalisme du visage, estampé au moyen d'un moule minuscule (TAD 457, 485, 650, 684, 691, 713, 854, 920[103], 952, **pll.V,1; VI-VIII**). L'homme est invariablement

---

[102] S.MOLLARD-BESQUES, Musée National du Louvre II.Myrina (Paris, 1963) pl/1.110-128, 182. R.A. HIGGINS, Catalogue of the Terracottas in the Department of Greek and Roman Antiquities, British Museum I (1954) n°s 187-190. A.LAUMONIER, Exploration archéologique de Délos XXIII. Les figurines de terre cuite (Paris, 1956) n°s 1344, 1345 etc... M.CHEHAB, Les terres cuites de Karayeb, dans *BMB* 11 (1953-4) pp.140-154.

[103] La pièce TAD 920 (pl.V,1) est particulière en ce qu'elle représente un cavalier barbu tenant un enfant dans ses bras. Cf. à Tell Rifa'at, un cavalier considéré comme féminin (?) tenant également un enfant dans le bras gauche: N.NOVAKOVA, Terres cuites de Tell Erfad II (Prague, 1971) pl.XXIX, n°328, pp.129-130.

pourvu d'une large barbe en collier, souvent complétée par de fortes moustaches, et il
porte sur la tête un haut bonnet souple, apparenté peut-être au bachliq perse. Cheval et
cavalier portent fréquemment, comme d'ailleurs les plaquettes représentant les femmes
nues ou vêtues, des traces de peinture rouge. Dans quelques cas, on note des traces informes
de couleur bleue (TAD 684: sur le bonnet de l'homme et la tête du cheval. TAD 713:
sur la tête et le poitrail du cheval), ou bien des rehauts noirs en forme de lignes ou de
pointillés sur le corps de l'animal (harnachement? cf. TAD 458, 516). Ce type, constitué
par la plus grande partie des pièces identifiables, présente comme principale variante le
cas de figurines où cavalier et monture sont modelés séparément, les jambes de l'homme,
précisées contre le flanc de l'animal, assurant l'adhérence des deux pièces (TAD 425, 448,
450, 451, 452, 454, 484, 492, 516, 615, 658).

Parmi les figurines dont la tête est conservée, quelques-unes seulement présentent
l'ancienne technique, tellement en vogue durant les millénaires précédents, du modelage
et du pastillage. Trois d'entre elles sont des cavaliers (TAD 455, **pl.IX**, 649, 867)[104], une
autre représente un personnage très paré, portant une coiffure compliquée (TAD 943,
pl.X,1, fig.22:1)[104a]. Ces quatre pièces appartiennent d'ailleurs au niveau II, plus précisément
les deux premières à la couche IIb (377,1/377), les deux dernières à la couche IId (375,1/
375,9).

La situation chronologique des figurines entièrement ("Astartés") ou partiellement
(cavaliers) moulées ne peut être fixée avec précision. Comme P.Riis l'a bien montré pour
les plaquettes féminines[105], on les rencontre non seulement à l'époque achéménide, mais
du début du Fer III jusqu'à l'époque hellénistique tardive. Et le problème des cavaliers
apparaît tout à fait semblable, encore qu'une étude d'ensemble manque à leur sujet[106].

---

[104] Pièces semblables dans B.CARRIERE-A.BARROIS, Neirab, *Syria* 8 (1927) pp.201-202, n°ˢ 1 et 4;
    J.P.THALMANN, *op.cit.*, fig.21C; Ch.ZIEGLER, Die Terrakotten von Warka (Berlin, 1962) figg.488,
    490-512; B.HROUDA, *op.cit.*, pl.13, n°102.

[104a] M.VanLoon me signale aimablement que la pièce TAD 943 s'apparente à des figurines de Selenkahiyé,
    qui peuvent être datées de 2200-1900 avant notre ère.

[105] P.J.RIIS, The Syrian Astarte Plaques and their Western Connections, dans *Berytus* IX (1948-9) pp.
    69-90. Pour les figurines retrouvées ou publiées plus récemment, voir entre autres P.FRONZAROLI-G.
    MATTHIAE SCANDONE, dans *MAIS 1965* (Rome, 1966) pp.148-149(groupe 1), pl.LXVII; G. MAT-
    THIAE SCANDONE, dans *MAIS 1966* (Rome, 1967) pp. 149-151, pl.XLVIII-XLIX; C.KRAUSE, K.
    SCHULER, R.STUCKY, Tell el Hajj in Syrien, Erster Vorläufiger Bericht, Grabungskampagne 1971
    (Berne, 1972) p.31; Ph.BRIDEL, C.KRAUSE, H.SPYCHER, R.STUCKY, P.SUTER, S.ZELLWEGER,
    Tell el Hajj in Syrien, Zweiter ... (Berne, 1974), p.52, fig.17; R.STUCKY, dans Rapport préliminaire
    sur la XXXIIème campagne à Ras Shamra, *Syria* 49(1972) p.12, fig.15; N.NOVAKOVA, Terres cuites
    de Tell Erfad (Prague, 1971) pll. VII-IX, XIX-XXV; B.HROUDA, *op.cit.*, pl.14: 104-107.

[106] On verra notamment L.WOOLLEY, *op.cit.*, p.163 (niveau 2: hellénistique); B.CARRIERE-A.BARROIS,
    dans *Syria* 8 (1927) pp.205-206 et dans *Syria* 9 (1928) pp.309-310, pl.LXXI; B.HROUDA, *op.cit.*, pl.
    17:137-140; P.FRONZAROLI-G.MATTHIAE SCANDONE, *op.cit.*, pp.89, 102, pl.74:7; G.MATTHIAE

Il n'y a pas lieu de s'étonner de pareille persistance, si l'on considère le nécessaire tradi-tionnalisme attaché à de tels objets de piété domestique, dont une allure archaïsante est même plutôt propre à renforcer le prestige, en les dépouillant d'une temporalité trop contingente. On sait que la citadelle d'Alep conserve aujourd'hui encore un tombeau dit de Saint-Georges, devenu saint islamique sous le nom révélateur d'El-Khodr (Végétation), un dieu cavalier dont le galop dans les nuages promet la pluie et la fertilité. Il paraît fort concevable que les anciens dieux d'orage et de fertilité du panthéon syrien se soient trouvés influencés par la mode perse durant l'époque achéménide, à cause du prestige des cavaleries d'élite, puis rhabillés à la mode romaine sous la domination romaine et au début du chris-tianisme, avant de se trouver récupérés, porteurs toujours du même message de fécondité, dans l'hagiographie islamique. Le sujet devrait être approfondi ailleurs[107]. Il reste que, au Tell Abou Danné en tout cas, ces cavaliers, tout comme les Astartés qui les accom-pagnent fidèlement, se rencontrent depuis la couche IId, la plus ancienne fouillée à ce jour, jusqu'à la couche Ic, soit de 600 environ jusqu'au milieu du 2ème siècle avant notre ère. Et l'on ne peut parler d'intrusions, car on se souviendra que, s'agissant d'autres catégo-ries de matériel telles que les céramiques ou les lampes, la distinction entre niveau I et niveau II apparaissait on ne peut plus tranchée. Si un effet de perturbation avait joué, il se serait exercé nécessairement sur l'ensemble du matériel (**fig.18**). On peut conclure de ce qui précède que "cavaliers perses" et "Astartés" transgressent réellement la limite entre les deux niveaux et l'on peut en tirer l'image d'une remarquable persistance, malgré l'influence hellénique grandissante, des formes locales du culte domestique de la fécondité, jusque dans le courant du 2ème siècle au moins, avant notre ère[108].

SCANDONE, *op.cit.*, p.151 sqq., groupe m, pl. 50; R.STUCKY, *op.cit.*, p.12, fig.16. En Mésopotamie, les figurines de même technique sont parfois munies de têtes "néo-babyloniennes", cf.Ch.ZIEGLER, *op.cit.*, pl.39, figg.484-485, n°s833-840 (sur la datation, voir p.185). A Chypre, la technique du visage moulé apparaît, pour des figurines de cavaliers, dans le dernier quart du 6ème siècle et reste utilisée jusqu'au premier siècle de notre ère: J.H.YOUNG-S.H.YOUNG, Terracotta Figurines from Kourion in Cyprus (Philadelphie, 1955) pp.76-77.

[107] Sur les dieux cavaliers en Syrie, voir REMY dans *Le Musée belge* 11(1907) p.136 sqq.; R.MOUTERDE, Dieux cavaliers de la région d'Alep, dans *Mélanges de l'Université de Beyrouth* 11(1926) pp.309-322.

[108] On remarquera d'ailleurs, à l'appui de cette persistance, que, si la plupart des cavaliers présentent un visage construit selon les traditions plastiques orientales, particulièrement reconnaissables au bourrelet soulignant les yeux, d'autres (notamment, au Tell Abou Danné, la pièce TAD 457, *pl. VII*) révèlent l'influence de la conception hellénistique du visage humain, lointain écho dans ces oeuvres modestes de la recherche créatrice des grands sculpteurs grecs. Une étude stylistique d'ensemble des visages de ces figurines ne serait probablement pas vaine.

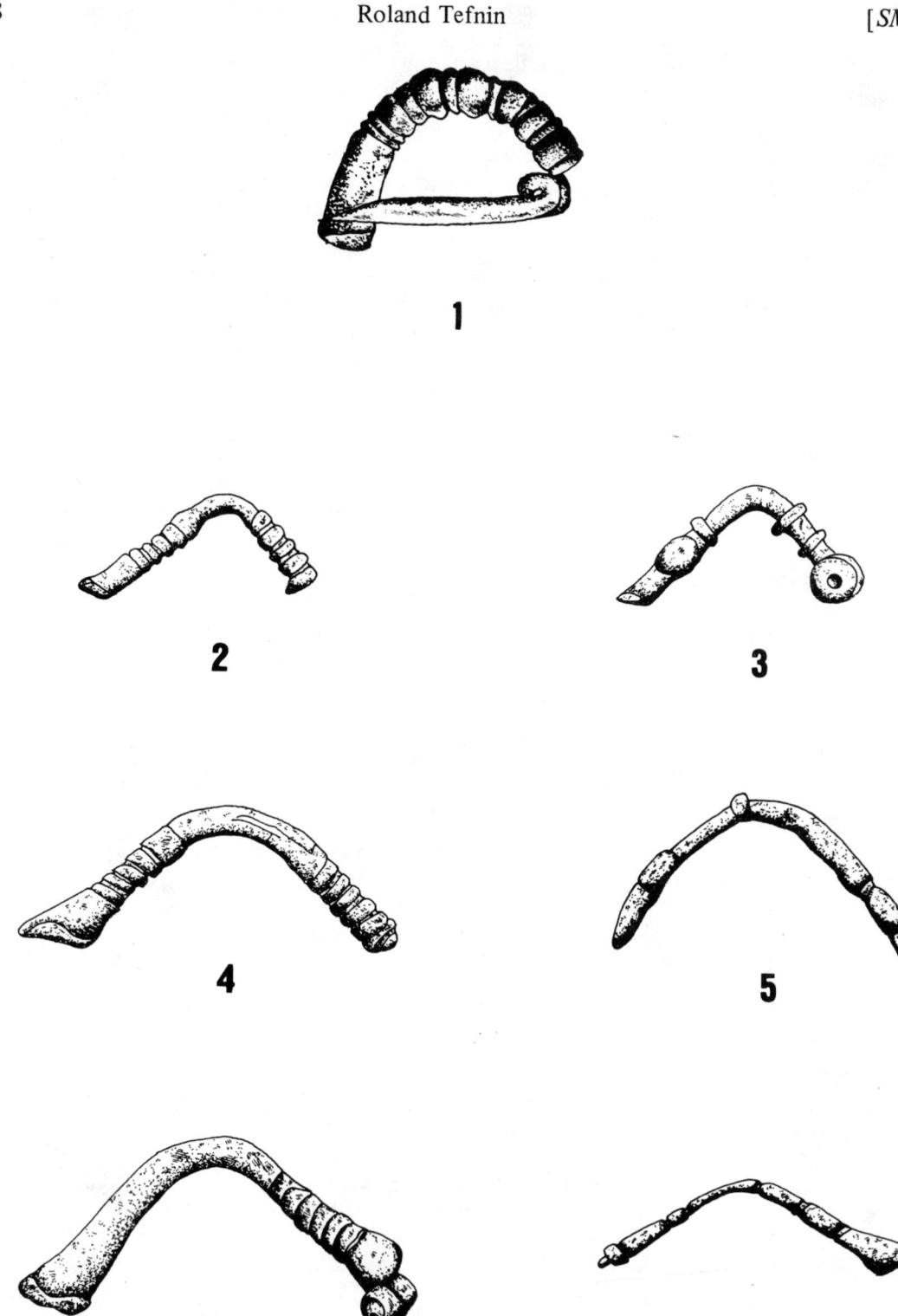

Fig. 20: Fibules.
  1: TAD 970   *2*: TAD 687   *3*: TAD 637
  4: TAD 605   *5*: TAD 689   *6*: TAD 603
  7: TAD 382.   *Echelle 1/1.*

7. Objets divers.

7.1. Verre (*fig.17:5-11*)

Il convient de signaler, à propos des trois phases du niveau I exclusivement, la présence de très nombreux fragments de bols hémisphériques en verre moulé, à décor de godrons, d'un type très connu en Méditerranée orientale à une époque correspondant globalement à celle de la grande vogue des sigillées anciennes. La céramique à vernis rouge et les bols en verre à godrons paraissent ainsi avoir constitué complémentairement la belle vaisselle de table de la fin de l'époque hellénistique et du début de l'époque romaine[109]. Parmi les objets moins répandus, on citera seulement l'anse à appendice d'un skyphos en verre, trouvée dans la couche la plus récente (Ia). Les exemplaires parallèles sont datés généralement du 1er siècle de notre ère[110] (**fig.17:11**).

7.2. Métaux.

Parmi les nombreux objets de fer retrouvés, souvent très corrodés, on remarque deux couteaux légèrement courbes, l'un d'eux à manche de bois riveté (TAD 556, **fig.19:5**)[111], l'autre constitué par une simple lame élargie et arrondie à une extrémité (TAD 597, **fig. 19:6**)[112], et deux pointes de flèche à douille et triple aileron[113], dont on a retrouvé aussi trois exemplaires en bronze (**fig.19:2-3**)[114]. L'origine scythe du type et sa position chronologique à l'époque achéménide semblent assurées. D. Stronach a montré qu'il

---

[109] Les nombreux exemplaires découverts à Samarie y sont associés aux céramiques mégariennes et sigillées anciennes: G.A.REISNER-C.S.FISCHER-D.G.LYON, Harvard Excavations at Samaria (Cambridge, 1924) pp.403-406. H.A.THOMPSON (*Hesperia* 3 (1934) p.427) date de la transition 2ème-1er siècles avant notre ère un bol de ce type retrouvé dans les fouilles de l'Agora d'Athènes. A Tell Anafa, ces bols sont situés dans la seconde moitié du 2ème siècle et le début du 1er siècle avant notre ère: G.D. WEINBERG, Hellenistic Glass from Tell Anafa in Upper Galilee, dans *Journal of Glass Studies* 12 (1970) pp.17-27. Voir aussi A.von SALDERN e.a., Gläser der Antike, Sammlung Erwin Oppenländer (Cologne, 1974) n°s 250-267.

[110] TAD 329. A.von SALDERN, *op.cit.*, n° 533, p.194; I.D., Glass from the Ancient World, The Ray Winfield Smith Collection (Corning, 1957) n° 66.

[111] Couche IIa (377,15m). Couteaux analogues dans B.HROUDA, *op.cit.*, pl.36:210 et pl.37:204. E.GJERSTAD, *op.cit.*, pp.132-133, fig.21.

[112] Couche IIb, 376,75m.

[113] TAD 561, couche IIa (377,42m), TAD 562, couche IIa (377,37m).

[114] TAD 369, couche Ic (378,15m), TAD 413, couche Ic (377,79m), TAD 612, couche IIa (377,46m).

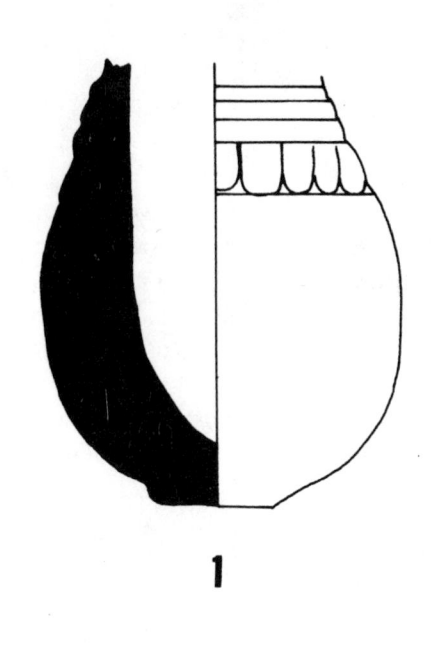

1

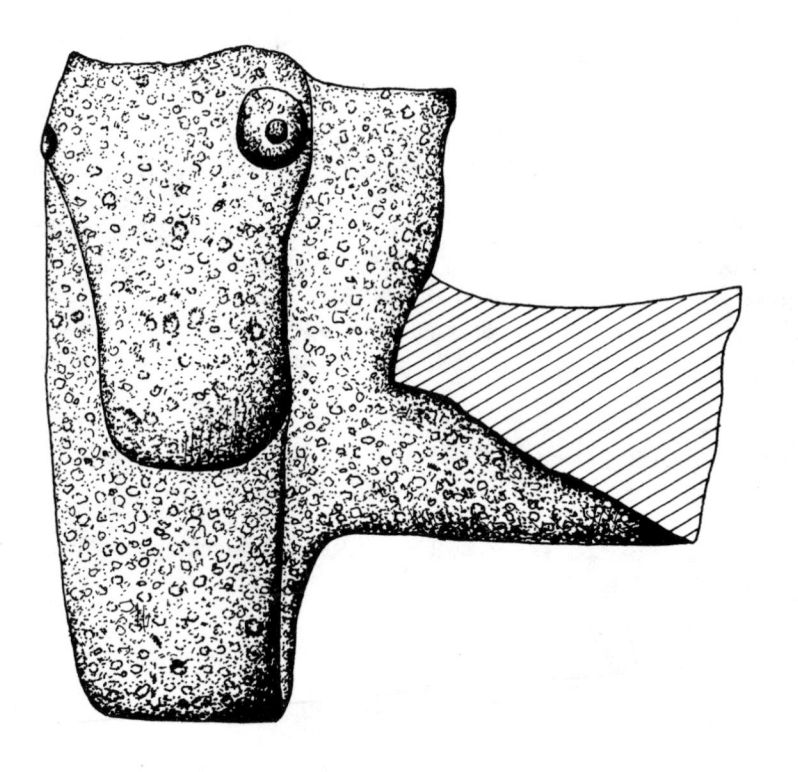

2

Fig. 21:   *1*:   Alabastron TAD 761   *2*:   Fragment de plat en basalte TAD 333.
          Echelle 1/1.

n'a été remplacé par la flèche à pédoncule et triple aileron que vers 100 avant notre ère. On notera que les cinq pointes de ce type ont été exhumées au Tell Abou Danné dans un espace stratigraphique étroit de quelque 0,80 m (378,15 à 377,37), chevauchant les couches Ic et IIa, ce qui signifie une date probable aux alentours de 200 avant notre ère[115].

Une catégorie d'objets également bien représentée est celle des fibules, dont différents exemplaires ont été découverts, à travers presque toutes les couches étudiées **(fig. 20)**:

IId. TAD 970	(H19D).	Stronach I,4	**(fig.20:1)**
IIc. TAD 637	(H18A).	Stronach III,7	**(fig.20:3)**
IIb. TAD 689	(G18D/B).	Stronach IV,4	**(fig.20:5)**
IIa. TAD 506	(G18D).	Stronach II,4?	(très corrodée)
TAD 603	(G18D).	Stronach III,7	**(fig.20:6)**
TAD 687	(G18D).	Stronach III,7	**(fig.20:2)**
Ic. TAD 382	(G18D).	Stronach III,7	**(fig.20:7)**

La chronologie de ces objets est encore mal établie et l'on ne peut donc en tirer aucun argument pour la datation des couches. On notera seulement la très grande majorité de fibules du type Stronach III,7, c'est-à-dire en arc coudé, avec un manchon décoré à chaque extrémité, et aussi peut-être le fait que l'unique fibule retrouvée en IId est du type à arc semi-circulaire, considéré comme le type le plus ancien des fibules syriennes[116].

7.3 Pierre.

Le basalte est, de façon générale, bien représenté dans le matériel domestique des niveaux supérieurs du Tell Abou Danné. A côté des lampes déjà mentionnées, on connaît divers types de plats, quadrangulaires ou circulaires, tripodes ou à fond lisse, parfois décorés de têtes de taureau stylisées (TAD 333, **fig.21:2**)[117]. Leur fréquence apparaît particulièrement grande au niveau II (environ 70% des pièces retrouvées). On connaît bien entendu aussi toute une gamme de pilons, broyeurs, marteaux, meules et mortiers, pour lesquels une étude approfondie, fonctionnelle et anthropologique, devra être entreprise.

---

[115] Sur ce type de pointes, voir E.GJERSTAD, *op.cit.*, fig.23:23,24, p.140(4) et p.376. E.F.SCHMIDT, *Persepolis II: Contents of the Treasury* (OIP 69, Chicago, 1957), pp.99-100, pl.76, nos.7-8. D.STRONACH, Metal Objects from the 1957 Excavations at Nimrud, dans *Iraq* .20 (1958), p.171. D.STRONACH in F.K.DÖRNER et al., *Arsameia am Nymphaios* (Istanbuler Forschungen 23, Berlin, 1963), p. 276. R.M.BOEHMER, *Bogazköy-Hattusa VII: Die Kleinfunde von Bogazköy ... 1931-1939 und 1952-1969* (WVDOG 87, Berlin, 1972), pp.111-115, citant de nombreuses publications antérieures, et 151-152.

[116] Ch.BLINKENBERG, Fibules grecques et orientales (Copenhague, 1926. LINDIAKA 5) type XIII, p.230 sqq. D.STRONACH, The Development of the Fibula in the Near East, dans *Iraq* 21 (1959) pp.181-206 (type I4, p.188; II4, pp.190-191; III7, p.193 sqq.; IV4, p.203). Des exemplaires appartenant au même type III7 ont été retrouvés à Ras Shamra, dans une maison de la première moitié du 5ème siècle: R. STUCKY, *op.cit.*, pp.5-8, fig.6. Du même type encore, la pièce TAD 605 (reproduite à la *fig.20:4*) provient de la surface du tell.

[117] Cf.B.HROUDA, *op.cit.*, pll.53-54.

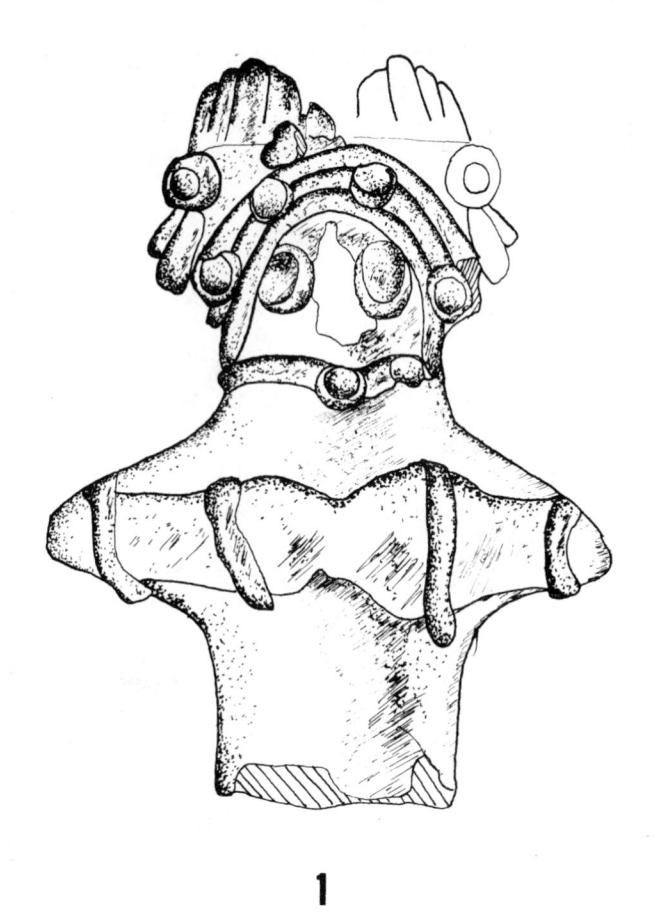

1

2

3

Fig. 22: *1*:   Figurine pastillée TAD 943
        2:   Empreinte de sceau-cylindre TAD 845 (*Echelle 1/1*)
        3:   Scarabée TAD 847 (*Echelle 2/1*).

En dehors du basalte, l'usage de pierres dures semble avoir été peu répandu. Il est vrai que le site est pauvre en objets précieux. On mentionnera un petit récipient globulaire en albâtre (alabastron), décoré à l'épaule d'une collerette d'oves en relief, pendue à trois rainures concentriques, objet qui fut découvert dans la maison à cour empierrée de la couche IIc (TAD 761, **fig.21:1**). Ou encore un cachet ovoïde à tenon strié, exécuté en marbre blanc (TAD 367, **pl.X,2**), et qui porte, très schématiquement incisés, les emblèmes divins de l'étoile, du disque ailé et de la lune[118]. Le motif est largement attesté à l'époque néo-assyrienne, et indique de ce fait une date probablement antérieure à celle que propose la stratigraphie, puisque la couche IIa d'où provient l'objet chevauche la fin du Fer III et le début de l'époque hellénistique.

7.4. Fritte.

De petits objets en fritte apparaissent avec une fréquence particulière dans les couches inférieures c et d du niveau II. A côté de diverses perles et barrettes de collier, on remarque des objets égyptisants tels une amulette en forme de divinité (TAD 848, couche IId **pl. XI,4**)[119], et un scarabée portant l'inscription *'Imn-ḥtp nb* (TAD 847, couche IId, **fig.22:3**)[120], ou bien au contraire des objets témoignant d'un horizon culturel diamétralement opposé, tels un cylindre assyrien portant le motif bien connu de l'archer et du dragon (TAD 845, couche IId, **fig.22:2**)[121]. Si la présence d'objets égyptiens ou égyptisants

---

[118] Cf.*Ibidem*, pl.27:64-65; pl.28:a, p.32. R.KOLDEWEY, Das Wiederenstehende Babylon (Leipzig, 1925) fig.191, pp.261-262. B.CARRIERE-A.BARROIS, dans *Syria* 9 (1928) p.200.

[119] Cf.M.G.A.REISNER, Catalogue général du Musée du Caire. Amulets II (Caire, 1958) p.ex.pl.XIII:13126. Cf. L.WOOLLEY, dans *JHS* 58 (1938) p.159, pl.XIV. Sur la diffusion des amulettes de type égyptien, voir aussi J.VERCOUTTER, Les objets égyptiens et égyptisants du mobilier funéraire carthaginois (Paris, 1945) pp.264-301.

[120] L'inscription fait probablement référence au nom d'Aménophis I, deuxième roi de la XVIIIème dynastie, devenu après sa mort une sorte de saint intercesseur, accessible aux petites gens. On connaît bon nombre de scarabées à son nom. Voir, entre autres, Fl.PETRIE, Naukratis I (Londres, 1886, EEF 3) pll.XXXVII: 89-94,96 et XXXVIII:178-179; ID., Historical Scarabs (Londres, 1889) pl.28. Ch.BLINKENBERG, Lindos I. Les petits objets (Berlin, 1931) pl.60:1374-1375. P.E.NEWBERRY, Catalogue général du Musée du Caire. Scarab-Shaped Seals (Londres, 1907) pl.II:36081-36084; L.WOOLLEY, *op.cit.*, p.162, pl.XV. Sur la diffusion de ces objets en Méditerranée aux VIIème et VIème siècles, à partir notamment de Naucratis, voir J.VERCOUTTER, *op.cit.*, pp.63-65, 338-340.

[121] Cf.A.MOORTGAT, Vorderasiatische Rollsiegel (Berlin, 1966) pl.82:689-695. U.MOORTGAT-CORRENS, Die ehemalige Rollsiegelsammlung Erwin Oppenländer, *BaM* 4 (1969) p.277, n°120, pl.48. H.FRANKFORT, Cylinder Seals (Londres, 1939) pl.XXXIV:g. W.ORTHMANN, Der Alte Orient (Berlin 1975, PKG 14) pll.273e, 2741. B.HROUDA, *op.cit.*, pl.25, n°s25-27 et p.31. W.KHAYYATA, Rollsiegel unbekannter Herkunft im National Museum Aleppo I, dans *Acta Prehistorica et Archaeologica* 7-8 (1976-7) pp.311-314, fig.8.

dans une couche qui doit être contemporaine de la XXVIe dynastie n'a rien pour nous étonner, le cylindre pose, quant à lui, un problème chronologique. Le type iconographique qu'il représente, comme d'ailleurs la matière et le style, correspondent à des objets datés généralement, en Mésopotamie, de la fin du 9ème ou du 8ème siècles, soit une date antérieure de deux siècles à celle de la maison de IId, dans laquelle il a été découvert. Mais rien ne prouve que l'objet du Tell Abou Danné ne peut pas etre remonté d'un niveau du Fer II, dont le Sondage I a de toutes façons assuré l'existence[122] !

7.5. Monnaies[*]

Plusieurs dizaines de monnaies ont été découvertes durant les campagnes 1977 et 1978. Beaucoup l'ont été en surface, et ne sont pas à prendre en considération dans ce premier rapport. Toutes se rangent d'ailleurs chronologiquement dans l'intervalle compris entre Seleucus I et Auguste. On se contentera de décrire quatre pièces de situation stratigraphique non équivoque, et qui apportent une confirmation intéressante pour la datation des couches.

Couche Ia$_2$

TAD 772. Quadrant G18B/D. Cote 379,17.

Antioche, période IV (31-27 av.notre ère), deuxième émission[123].
Tête laurée de Zeus, à droite, dans un cercle de grainetis.
[ΑΝΤΙΟΧΕΩΝ] ΜΗΤ] ΡΟΠΟ [ΛΕΩΣ] à dr.
ΑΥΤΟΝΟΜ [ΟΥ] à g.

Zeus assis à gauche, tenant un sceptre vertical et une Nikê.
Dans le champ, épis de blé.

Couche Ib$_1$

TAD 775. Quadrant G18D. Cote 379.

Antiochus VIII, 3ème règne à Antioche (111-109 avant notre ère)[124].
ΒΑΣΙΛΕΩΣ ΑΝΤΙΟΧΟΥ à dr.
[ΕΠΙΦΑΝΟΥΣ] à g.

Tripode surmonté d'un foudre. Tête diadémée d'Antiochus VIII.

---

[*] par J.M.DOYEN.

[122] R.TEFNIN, *op.cit.*, niveaux III-IV.

[123] E.T.NEWELL, Preimperial Coinage (Oakpark, 1970) pp.35-36, n°24, pl.VII:5.

[124] E.T.NEWELL, The Coinage of the Western Seleucid Mints from Seleucus to Antiochus III (New York, 1941) p.101. F.O.WAAGÉ, Antioch 4 (Princeton, 1948) p.21, n°229.

Couche Ic

    TAD 338. Quadrant G18A. Cote 378,4.

        Antiochus IV, Antioche, série II(ca. 169-167 av.notre ère)[125].
        Tête d'Antiochus IV à droite

ΒΑΣΙΛΕΩΣ		ΘΕΟΥ	monogramme
ΑΝΤΙΟΧΟΥ	à dr.	ΕΠΙΦΑΝΟΥΣ	illisible.

        Zeus debout à gauche, tenant un foudre de la main droite et un
        sceptre vertical de la gauche. A ses pieds, un aigle (?).

Couche IIa

    TAD 786. Quadrant G18D. Cote 376,92.

        Seleucus I, Antioche, série I (300-286 avant notre ère)[126].
        Tête laurée d'Apollon, à droite.
        Athéna debout à droite, drapée, brandissant un javelot
        dans la main droite et tenant son bouclier levé en avant.

        ΒΑΣΙ [ΛΕΩΣ] | [ΣΕΛΕΥΚ] ΟΥ

Comparaison avec les dates proposées par la céramique.

COUCHE	CERAMIQUE			MONNAIES		
Ia	25 av.n.è.	à	25 de n.è.	31	à	27 av.n.è.
Ib	100	à	25 av.n.è.	111	à	109 av.n.è.
Ic	200/150	à	100 av.n.è.	169	à	167 av.n.è.
IIa	350	à	200/150 av.n.è.	300	à	286 av.n.è.

8. Signification culturelle et historique des résultats de la fouille.

    Cet examen préliminaire des vestiges architecturaux et des objets les plus caractéristiques des niveaux supérieurs I et II du Tell Abou Danné offre, malgré la relative exiguité des surfaces fouillées, une image assez cohérente des tendances d'une culture régionale de la Syrie du Nord et de leur évolution à travers, grosso modo, les 7 derniers siècles précédant notre ère.

---

[125] E.T.NEWELL, *op.cit.*, p.24. F.O.WAAGÉ, *op.cit.*, p.11, n°108.

[126] E.T.NEWELL, *op.cit.*, n°913. F.O.WAAGÉ, *op.cit.*, p.3, n°3. E.BABELON, Catalogue des monnaies grecques de la Bibliothèque Nationale. Les rois de Syrie, d'Arménie et de Commagène (Paris, 1890-1893) n°80.

La colline constituée par les déblais des niveaux VII à III avait atteint quelque 20 mètres déjà au 7ème siècle avant notre ère. Elle devait gagner environ 5 mètres encore durant la période considérée. Sur son sommet tabulaire, légèrement incliné vers le Sud, se pressaient en un réseau serré petites maisons et courettes empierrées, bordées de murets et séparées par d'étroites ruelles. Cette physionomie ne dut guère se modifier entre l'époque assyrienne et celle d'Auguste, et l'impression dominante, ainsi qu'on l'a déjà noté, est celle d'une continuité globale dans l'occupation du sol, à travers niveau II et niveau I.

Un léger changement dans l'orientation générale des structures retrouvées pourrait être dû cependant à une période, sinon de véritable hiatus dans l'occupation, en tout cas de rétraction de l'habitat à quelque distance des bords de la colline. Cette période est actuellement située, avec peu de précision, vers la fin du 5ème siècle ou la première moitié du 4ème. Il est encore impossible en tout cas d'attribuer à ce fait une quelconque importance historique.

Sur le plan architectural d'ailleurs, se pose encore un autre problème insoluble, celui de la défense du site aux époques considérées. Ainsi qu'on l'a montré dans le rapport consacré aux campagnes 1975-1976[127], l'érosion a rongé assez profondément les bords de la colline, de telle sorte que la plus ancienne enceinte subsistante soit actuellement celle du Bronze Moyen. Rien n'empêche toutefois de penser que la bourgade récente, et plus encore peut-être celle des niveaux III-IV, araméenne, ait été protégée par un ouvrage de briques crues dont rien ne subsisterait.

Les objets retrouvés en grand nombre dans les ruines de ces maisons offrent par ailleurs quelque lumière sur le mode de vie que pratiquaient les habitants. Une activité essentielle fut bien entendu l'agriculture. La région ne devait pas manquer de fertilité dans l'Antiquité, lorsque de nombreuses rivières pérennes la traversaient pour se jeter dans le lac de Djabboul[128]. Contre le flanc même du Tell Abou Danné, du côté de l'Est, coulait une rivière appelée Nahr Toman, dont les villageois âgés d'une quarantaine d'années et plus se souviennent parfaitement, mais dont divers nivellements ont à présent effacé presque toute la trace.

Plusieurs des fosses mentionnées plus haut contenaient d'importantes épaisseurs de céréales décomposées formant une matière blanchatre et pulverulente[129], et de nombreux broyeurs et meules ont ete livres par la fouille. Des restes d'animaux attestent, selon les premieres observations d'A.Gautier[130], une grande abondance d'ovicaprins, peu de traces de bovins, un peu plus de vestiges de porcs, à quoi il convient d'ajouter des restes d'ânes, de chiens, de gazelles et d'oiseaux. L'image fournie est donc celle d'une alimentation basée sur les céréales et le petit bétail, et complétée occasionnellement par la chasse au gibier à plume et à poil.

---

[127] R.TEFNIN, *loc.cit.*

[128] *Ibidem*. § a.

[129] Indication fournie par le laboratoire du Prof. DUVIGNEAUD, Université Libre de Bruxelles. Institut de Botanique.

[130] Geologisch Instituut, Université de l'Etat à Gand.

Il est vraisemblable cependant que l'abondance des moutons se justifie aussi par des activités de caractère artisanal, telles que le tissage d'étoffes et leur teinture. Cette petite industrie textile, qui rendit florissantes les villes de la côte phénicienne, semble avoir en effet été pratiquée également dans l'intérieur du pays. L'objet de très loin le plus abondant, à travers toutes les couches du Tell Abou Danné, est le peson de métier à tisser, objet extrêmement modeste, sphéroïde ou plus exactement biconvexe, parfois pyramidant, exécuté en terre à peine cuite, mais dont l'importance quantitative doit être significative [131]. Si l'on ajoute à ce matériel de nombreuses fusaïoles (souvent en pierre) et quelques coquillages murex, on se trouve devant un ensemble qui témoigne vraisemblablement d'une activité textile relativement importante, encore que difficile à apprécier dans un contexte économique général, vu l'étroitesse des surfaces exposées pour chaque couche.

Si nous passons du matériel purement utilitaire à des objets plus luxueux, nous nous apercevons d'intéressantes variations au travers des couches constituant les niveaux I et II. Deux évidences à noter d'abord: D'une part la réduction progressive, au fil du temps, de la part occupée par la vaisselle commune, non décorée, dans l'ensemble du matériel, d'autre part un accroissement très net de l'influence des produits et des goûts helléniques par rapport aux objets de tradition locale. Ainsi, la couche la plus profonde du niveau II (d), datable approximativement des 7ème-6ème siècles, montre différentes directions d'influence, celle de Chypre archaique, de la Mésopotamie néo-babylonienne, et de l'Egypte saïte, situation qui révèle bien, malgré le petit nombre d'objets concernés, la diversité des foyers de culture de l'époque. Si la phase suivante, qui correspond à la domination achéménide et au classicisme grec n'a guère laissé d'objets caractéristiques, sauf une céramique peinte locale d'influence certainement occidentale, l'orientation méditerranéenne s'accentue dès les débuts de l'époque hellénistique, pour culminer aux 2ème et 1er siècles avant notre ère. L'articulation la plus marquante, celle qui justifie d'ailleurs la distinction entre un niveau I et un niveau II, est constituée par une vague massive d'importations hellénistiques tardives. Céramique sigillée, verrerie moulée, lampes et figurines exécutées au moule bivalve caractérisent une culture matérielle où l'élément oriental se raréfie notablement. La datation proposée plus haut, sur une base purement archéologique, pour cette mutation, semble pouvoir être mise en correspondance avec le renforcement de la politique d'hellénisation de la Syrie commencée sous Antiochus III et surtout Antiochus IV, et poursuivie ensuite par Rome. Cette hellénisation, si intéressante soit-elle à percevoir au Tell Abou Danné, s'agissant d'une bourgade de faible importance politique, ne doit pas faire oublier toutefois la persistance du culte de la grande déesse et des dieux cavaliers, attesté sur le plan domestique par le nombre des figurines retrouvées, dont la vogue ne cédera que tard aux sollicitations de la mode hellénique. Il faut attendre la couche Ib, soit les débuts du 1er siècle avant notre ère, pour les voir disparaitre entièrement.

---

[131] Environ trois cents objets retrouvés dans les deux niveaux. Sur leur utilisation, voir particulièrement CHAVANE, Salamine de Chypre VI. Petits objets (Paris, 1976) pp. 76-79.

Le dernier fait intéressant que révèle l'histoire du site est la date de son abandon. Les recoupements effectués par les différentes catégories de matériel permettent de la situer dans le courant de l'époque julio-claudienne, lorsque, sans doute, la sécurité assurée par la Pax Romana incita les agriculteurs à abandonner la retraite escarpée des vieux tells au profit de vastes sites de plaine. Les vestiges, inexplorés, n'en manquent pas dans la région même de Djabboul, par exemple à Tell 'Alam ou à Qweyrès. L'habitat ne devait jamais, par la suite, revenir au sommet des collines, devenues, à partir de l'époque islamique, le domaine des morts.

ASSUR

ASSUR is meant to serve the needs of the specialized field which is closely identified with the study of Assyrian as a dialect of Akkadian and with the history of Assyria as a special aspect of Mesopotamian civilization, from early times down to the end of the Assyrian empire. Given the intensity of linguistic and historical exchanges with neighboring regions, it is clear that the study of Assyrian dialect and history cannot be carried on without due consideration to influences deriving from contacts with other people. Hence, *ASSUR* will also accept articles which are not exclusively Assyrian in scope, as long as they are related to Assyria and useful for the study of its language and history.

Editors: K. Deller, P. Garelli, E. Porada, C. Saporetti
   (address correspondence to Dr. C. Saporetti, Via Vasanello 20, Cassia, 00189 Roma, Italy)

Volume 1

Issue 1: S. Parpola, *The Alleged Middle/Neo-Assyrian Irregular Verb* *naṣṣ *and the Assyrian Sound Change* š>s.
   M. Liverani, *The* kumānu *Measure As 1/4 of 1* ikū, $1.30.

Issue 2: C. Saporetti, *Some Considerations on the Stelae of Assur*, $1.40.

Issue 3: G. Buccellati and A. Kilmer, *A. Leo Oppenheim, 1904-1974.*
   F. M. Fales, *Notes on Some Nineveh Horse Lists*, $2.40.

Issue 4: W. Hallo, *Jacob J. Finkelstein, 1922-1974.*
   A. Grayson, *Akkadian* ksr *and* kšr.
   D. Foxvog, *Assyrian Texts-1*, $1.00.

Issue 5: E. Guralnick, *Composition of Some Narrative Reliefs from Khorsabad*, $3.30.

Issue 6: Y. M. Al-Khalesi, *Tell al-Fakhar (Kurruḫanni) a* dimtu-*Settlement: Excavation Report*, $5.60.

Issue 7: W. de Filippi, *The Royal Inscriptions of Aššur-Nāṣir-Apli II (883-859 B.C.): A Study of the Chronology of the Calah Inscriptions Together with an Edition of Two of These Texts*, $4.80.

Issue 8: M. Salvini, *A Dedicatory Inscription of the Urartian King Išpuini*;
   C. Saporetti, *Ein mittelassyrischer* bāri'u, $1.00

Issue 9: M. Maidman, *A Nuzi Private Archive: Morphological Considerations*, $1.00.

Volume 2

Issue 1: C. Zaccagnini, *Les rapports entre Nuzi et Ḫanigalbat*; *The* tallu *Measure of Capacity at Nuzi*, $3.60.

Issue 2: J. Sasson, *Hurrian Personal Names in the Rimah Archives*, $3.60.

Issue 3: M. Astour, *The Arena of Tiglath-pileser III's Campaign Against Sarduri II (743 B.C.)*, $2.50.

Issue 4: J. N. Postgate, *Assyrian Documents in the Musée d'Art et d'Histoire, Geneva*, $1.80.

Issue 5: Simo Parpola, *Collations to Neo-Assyrian Legal Texts from Nineveh*, $6.95.

Volume 3

Issue 1: M.-J. Aynard and J.-M. Durand, *Documents d'époque médio-assyrienne*;
   also *Les Sceaux* by P. Amiet, $6.50.

MONOGRAPHS ON THE ANCIENT NEAR EAST

Volume 1

Fascicle 1:   A. Falkenstein, *The Sumerian Temple City* (1954)
Introduction and Translation by M. deJ. Ellis. 21 pp., $2.30

Fascicle 2:   B. Landsberger, *Three Essays on the Sumerians* (1943-1945)
Introduction and Translation by M. deJ. Ellis. 18 pp., $2.00

Fascicle 3:   I. M. Diakonoff, *Structure of Society and State in Early Dynastic Sumer* (1959)
Summary and translation of selected passages by the author
Introduction by M. Desrochers. 16 pp., $1.80

Fascicle 4:   B. Landsberger, *The Conceptual Autonomy of the Babylonian World* (1926)
Translation by Th. Jacobsen, B. Foster and H. von Siebenthal
Introduction by Th. Jacobsen. 16 pp., $1.80

The famous programmatic article by Benno Landsberger, "Die Eigenbegrifflichkeit der Babylonischen Welt," was a manifesto which "insisted on the necessity of studying Mesopotamian culture for its own sake, in its own terms, and within its own system of values": as Jacobsen notes, it was "under the banner of Eigenbegrifflichkeit [that] Landsberger . . . may be said to have made Assyriology for the first time an autonomous discipline." The article is here made available in a masterly translation by Jacobsen, based on two initial drafts by Foster and von Siebenthal: it provides an accurate and sensitive reading by another intellectual giant in the field, who was himself a long time personal friend of the author. The introduction, published originally as an obituary, gives a brief and penetrating assessment of Landsberger's life work.

Fascicle 5:   M. Liverani, *Three Amarna Essays* (1965-1972)
Translation and Introduction by Matthew L. Jaffe. 34 pp., $3.60

A translation of three articles originally published in Italian: "Pharaoh's Letters to Rib-Adda" (1971). "Social Implications in the Politics of Abdi-Aširta of Amurru" (1965), and "'Irrational' Elements in the Amarna Trade" (1972). The three articles translated here underscore Mario Liverani's commitment to a balanced, "global" approach to Ancient Near Eastern history. Narrow philological or other "antiquarian" attitudes are eschewed in favor of including anthropological, socio-economic, and other typological models in the study of Near Eastern civilizations in this period. Liverani presents certain political and diplomatic facets of Ancient Near Eastern history, particularly the second half of the Second Millennium B.C. in Syria, in their proper societal settings with a regard for such diverse perspectives as customs and ideology, market theory, religion, nomadism versus sedentarism, geography and literary criticism.

Fascicle 6:   P. Matthiae, *Ebla in the Period of the Amorite Dynasties* (1974)
Translation and Introduction by Matthew L. Jaffe. 36 pp., 20 pl., $7.50

This 1974 article on the archaeological documentation from Tell Mardikh came on the heels of the major discovery of the great archive of Ebla. As such, it provided the setting against which the discovery can best be appreciated, and it retains a classic value which makes its present English publication especially useful. Many new photographic illustrations add to the documentary value of the initial publication.

Fascicle 7:   G. Pettinato, *Old Canaanite Texts from Ebla* (1975)
Translation and Introduction by Matthew L. Jaffe. 17 pp. $2.00

This article contains the first grammatical description of Eblaite, a new Semitic language attested in the texts from Tell Mardikh-Ebla. The article was first published in Italian in 1975 and is here published for the first time in English translation. It provides ample grammatical documentation from the first archive discovered in 1974 at Ebla, numbering 42 tablets. It also provides the first assessment of the linguistic and historical evidence of the texts.

Volume 2

Fascicle 1:   C. Saporetti, *The Status of Women in the Middle Assyrian Period*
Translation and Introduction by Beatrice Boltze-Jordan. 20 pp., $2.50

A synthesis of data pertinent to the situation of the woman in the Middle-Assyrian period, drawn from the laws and economic texts. Her situation within family and society is discussed through the various phases of her life—as unmarried and as a married woman, as divorcée and widow. The resulting picture shows an unusual degree of harshness in the limitations placed on her personal freedom.